Martin Baethge, Eckart Severing, Reinhold Weiß

Handlungsstrategien für die berufliche Weiterbildung

Berichte zur beruflichen Bildung

Schriftenreihe
des Bundesinstituts
für Berufsbildung
Bonn

Bundesinstitut
für Berufsbildung **BiBB**▸

▸ Forschen
▸ Beraten
▸ Zukunft gestalten

Bibliografische Information der Deutschen Nationalbibliothek
Die Deutsche Nationalbibliothek verzeichnet diese Publikation in der Deutschen
Nationalbibliografie; detaillierte bibliografische Daten sind im Internet über
http://dnb.ddb.de abrufbar.

ISBN 978-3-7639-1159-2

Unter Mitwirkung von:
Agnes Dietzen, Ottmar Döring, Barbara Hemkes, Matthias Kohl, Knut Tullius

GEFÖRDERT VOM

Bundesministerium
für Bildung
und Forschung

Das vorliegende Gutachten wurde unter dem Titel „Forschungsperspektiven für die berufliche Weiterbildung/Lebenslanges Lernen"
vom Bundesministerium für Bildung und Forschung (BMBF) gefördert
(Förderkennzeichen: W1368).

W. Bertelsmann Verlag GmbH & Co. KG
Postfach 10 06 33
33506 Bielefeld
Internet: wbv.de
E-Mail: service@wbv.de
Telefon: (05 21) 9 11 01-11
Telefax: (05 21) 9 11 01-19
Bestell-Nr.: 111.057

© 2013 by Bundesinstitut für Berufsbildung, Bonn
Herausgeber: Bundesinstitut für Berufsbildung, 53142 Bonn
Internet: www.bibb.de
E-Mail: zentrale@bibb.de

Umschlag: Christiane Zay, Potsdam
Satz: Christiane Zay, Potsdam
Druck und Verlag: W. Bertelsmann Verlag, Bielefeld
Printed in Germany

ISBN 978-3-7639-1159-2
ISBN E-Book: 978-3-7639-5244-1

Inhalt

Vorwort

Der Weiterbildung wird bildungs- und gesellschaftspolitisch eine zentrale Rolle für die Entwicklung von Gesellschaft und Wirtschaft, für die Sicherung des Fachkräftebedarfs, die Persönlichkeitsentwicklung wie auch die Partizipation am gesellschaftlichen Leben beigemessen. Dieser Rollenzuschreibung in Politik und Wissenschaft wird die Weiterbildung bislang nicht gerecht. Dies gilt sowohl für ihre quantitative Bedeutung und die Teilnahme unterschiedlicher Erwerbspersonen- und Bevölkerungsgruppen als auch die Gestaltung der Weiterbildung. Erworbene Kompetenzen werden zumeist nicht dokumentiert, die Qualität und der Ertrag sind ungewiss, es mangelt an kontinuierlicher Beratung, einer abgestimmten und dauerhaften Finanzierung wie auch einer Verzahnung mit anderen Bildungsbereichen, um nur einige zentrale Problemfelder zu benennen. Der Weiterbildungspolitik der Bundesregierung kommt bei der Ausgestaltung und Weiterentwicklung angesichts eines schleichenden Rückzugs der Bundesländer aus der Finanzierung der Erwachsenenbildung, der Stagnation bei den betrieblichen Weiterbildungsausgaben sowie der tendenziell restriktiven Weiterbildungsförderung durch die Bundesagentur für Arbeit eine wachsende Bedeutung zu.

Das Gutachten wurde gemeinsam vom Soziologischen Forschungsinstitut an der Universität Göttingen (SOFI), dem Forschungsinstitut Betriebliche Bildung (f-bb) sowie dem Bundesinstitut für Berufsbildung (BIBB) im Auftrag des Bundesministeriums für Bildung und Forschung (BMBF) erstellt. Ihm liegt eine Sichtung relevanter Forschungsliteratur zugrunde. Darüber hinaus wurden sechs Workshops zu Themen durchgeführt, die für die Weiterbildungsforschung wie auch die Weiterbildungspolitik bedeutsam sind. In den Workshops wurden mit jeweils 15 bis 25 einschlägig ausgewiesenen Expertinnen und Experten aus der Wissenschaft und aus der Praxis der Weiterbildung in Unternehmen und bei Bildungsträgern folgende Themen diskutiert:
1. Weiterbildung und Sicherung des Arbeitskräftebedarfs im demografischen Wandel
2. Strukturfragen der Weiterbildung
3. Anerkennung und Anrechnung informellen und nonformalen Lernens
4. Qualifizierungs- und Weiterbildungsberatung
5. Weiterbildung im Kontext von Zuwanderung
6. Qualitätssicherung in der Weiterbildung

Als Grundlage der Diskussion in den Workshops dienten Inputpapiere der drei beteiligten Institute. Darin wurden das jeweilige Thema auf der Grundlage des Forschungsstands skizziert und erste Perspektiven für Forschung und politische Handlungsoptionen abgeleitet. Ergänzend waren die eingeladenen Experten und Expertinnen um Stellungnahmen zu einzelnen Fragenkomplexen gebeten worden.

Eine Dokumentation der Workshops ist unter folgender Webadresse (http://www.
bibb.de/de/62927.htm) verfügbar. Dort finden sich neben den Programmen und
den Teilnehmerlisten auch die zu den Workshops erstellten Inputpapiere, die von
den Teilnehmenden vorgelegten Statements und Präsentationen sowie Zusammen-
fassungen der Diskussionen und Ergebnisse.

Das vorrangige Ziel dieses Gutachtens besteht darin, wesentliche Herausforderungen an bildungspolitische Interventionen zur beruflichen Weiterbildung – durch
unmittelbare Steuerung, durch Förderung, durch Setzung von Rahmenbedingungen – zu identifizieren und kurz- und mittelfristig umsetzbare Strategien für das
BMBF vorzuschlagen. Die Vorschläge orientieren sich nicht von vornherein an bestimmten rechtlichen oder finanziellen Rahmenbedingungen. Sie beschreiben vielmehr einen Handlungsrahmen für eine Weiterbildungspolitik. Die Expertise greift
dabei u. a. auch Programme, Initiativen und Projekte des Bundes auf, ohne allerdings den Anspruch zu erheben, diese vollständig abzudecken.

Die Handlungsempfehlungen beschreiben Perspektiven für Forschung und Politik, benennen relevante Handlungserfordernisse und Handlungsfelder und geben
Hinweise zur Entwicklung der Forschungsinfrastruktur, präsentieren aber noch
keine konkreten Umsetzungsstrategien. Die Vorschläge sollen Grundlage für eine
Diskussion innerhalb der Wissenschaft und mit den relevanten Akteurinnen und
Akteuren sowie politisch Verantwortlichen sein. Es ist Aufgabe der Politik, die Vorschläge zu bewerten, Prioritäten zu setzen und entsprechende Umsetzungskonzepte
zu entwickeln.

Die Systematik des Abschlussberichts folgt nicht der thematischen Strukturierung der Workshops, sondern orientiert sich aufgrund der Diskussionen während
der Workshops und der Abstimmung zwischen den beteiligten Instituten an den
erkennbaren inhaltlichen und strukturellen Herausforderungen für politisches Handeln im Bereich der Weiterbildung. Die Themen der Workshops und die Beiträge
der externen Fachleute wie auch der Institute fließen nach gründlicher Erörterung
innerhalb der Autorengruppe in den Bericht ein. Die beteiligten Autoren und Auto-
rinnen tragen und verantworten das Ergebnis gemeinsam.

Allen an den Workshops Teilnehmenden sei an dieser Stelle nochmals sehr herz-
lich für ihre Beiträge, für die vielen Impulse und Anregungen sowie die konstruktive
Kritik gedankt. Ein besonderer Dank gebührt Frau Stuhler und Herrn Munk aus
dem Bundesministerium für Bildung und Forschung, die das Projekt von Anfang
an mit viel Engagement und nützlichen Hinweisen begleitet und unterstützt haben.

Martin Baethge, Eckart Severing, Reinhold Weiß

Das Wichtigste in Kürze

Auftrag und Zielsetzung

Einem in Deutschland in vielen Sektoren wachsenden Fachkräftebedarf steht in den kommenden Jahrzehnten ein gleichbleibendes oder in einigen Regionen schrumpfendes Erwerbspersonenpotenzial gegenüber. Dadurch wird künftiges Wachstum begrenzt, wenn nicht politisch gegengesteuert wird. Die demografische Entwicklung wird dazu führen, dass der beruflichen Weiterbildung der Erwerbspersonen eine zentrale Rolle bei der Sicherung des Fachkräftebedarfs zukommt.

Die demografische Herausforderung stellt den aktuellen Anlass, nicht den Grund dafür dar, sich grundsätzlich mit der Situation von Weiterbildung, Weiterbildungspolitik und Weiterbildungsforschung auseinanderzusetzen. Der Grund liegt in der seit Jahrzenten kaum steigenden Weiterbildungsbeteiligung[1] sowie stagnierenden, wenn nicht sogar rückläufigen Weiterbildungsangeboten und -finanzierungen.

Es stellt sich die Frage, warum der allgemeine Bildungsaufschwung in Deutschland, der seit der PISA-Debatte zu beobachten ist und für viel Bewegung in der Schul- und Hochschulpolitik sowie der frühkindlichen Bildung gesorgt hat, an der Weiterbildung mehr oder weniger spurlos vorbeigegangen ist. Die Antwort auf diese Frage ist nicht einfach. Sie hat nicht nur mit den erfassten Formen der Weiterbildung zu tun, die in der Expertise im Zentrum stehen, sondern möglicherweise mehr noch mit den unbeobachteten Lernkulturen in sozialen Feldern und Betrieben sowie dem Bildungs- und Mobilitätsbewusstsein, das langfristig gewachsen und in der Bevölkerung verankert ist. Da diese schwer greifbaren, aber wirksamen Bildungs-

---

1 Der erst nach Erstellung des Gutachtens zugängliche „AES 2012 Trendbericht – Weiterbildungsverhalten in Deutschland" weist für 2012 einen sprunghaften Anstieg der Gesamtteilnahmequote auf 49 Prozent aus; im Osten auf 53 Prozent, im Westen auf 48 Prozent. Im Vergleich mit 2010 ist das ein Anstieg von 7 Prozentpunkten bei der Gesamtquote, im Westen von 5 und im Osten von 12 Prozentpunkten. Bei gegenüber der bisherigen Entwicklung erwartungswidrigen starken Anstiegen innerhalb von zwei Jahren stellt sich die Frage, worauf die Anstiege zurückzuführen sind: Ob überraschende Verhaltensänderungen und sie stützende Weiterbildungsbedingungen oder ob methodische Veränderungen im Erhebungsprogramm eine Rolle spielen könnten. Diese für die Validität der Ergebnisse entscheidende Frage ist auf Basis des „Trendberichts" nicht eindeutig zu beantworten. Eine Analyse des Erhebungsprogramms zeigt eine Reihe von Veränderungen gegenüber dem AES 2010, die sowohl die Ausweitung der Befragtenpopulation (Einbezug der Auszubildenden) und die Zuordnung zu Weiterbildungstypen als auch inhaltliche Veränderungen in den Items und Frageformulierungen sowie in den Intervieweranweisungen betreffen. Diese Veränderungen im Erhebungsprogramm müssen das veränderte Antwortverhalten nicht bestimmt haben. Aber wir wissen nicht, ob und wieweit sie es getan haben. Solange die Validität der Ergebnisse nicht geprüft ist, sollte man sie vielleicht noch nicht als große Trendwende in der Weiterbildungsbeteiligung auszeichnen. Dafür spricht auch, dass der „Trendbericht" darauf verweist, dass sich unterhalb der Gesamtquoten an den strukturellen Differenzierungen der Weiterbildungsteilnahme wenig verändert habe. Insofern werden auch die zentralen Aussagen der hier vorgelegten Expertise von den neuen Ergebnissen des „Trendberichts" wenig tangiert.

dimensionen im Gutachten nicht systematisch aufgegriffen werden konnten, sollte die Leserin/der Leser sie wenigstens im Gedächtnis haben.

Im vorliegenden Gutachten werden Handlungsempfehlungen für Weiterbildungs-forschung und -politik präsentiert, relevante Handlungsfelder benannt und Hinweise zur Entwicklung der Forschungsinfrastruktur gegeben. Die Vorschläge sollen eine Grundlage für eine Diskussion in der Wissenschaft sowie mit den relevanten Akteu-rinnen und Akteuren und politisch Verantwortlichen bilden. Das Gutachten wurde gemeinsam vom Soziologischen Forschungsinstitut (SOFI), dem Forschungsinstitut Betriebliche Bildung (f-bb) sowie dem Bundesinstitut für Berufsbildung (BIBB) im Auftrag des Bundesministeriums für Bildung und Forschung (BMBF) erstellt.

Das dem Gutachten zugrunde gelegte Verständnis von Weiterbildung rekurriert nicht nur auf formale Weiterbildung, sondern hat auch die nonformalen und in-formellen Weiterbildungsprozesse im Blick. Strukturelle Offenheit und individuel-le Selbstorganisation von Lernprozessen lassen sich als normative Eckpfeiler eines Konzepts der Weiterbildung und des lebenslangen Lernens verstehen, das den Wan-del von einer stärker angebots- zu einer stärker nachfrageorientierten oder von einer eher institutionenbasierten zu einer eher prozessbasierten beruflichen Weiter-bildungsorganisation anleiten könnte.

Dieses Gutachten beruht auf der Sichtung des Forschungsstands durch die drei beteiligten Institute sowie der Auswertung der Ergebnisse von sechs Workshops zu Themen, welche für die Weiterbildungsforschung wie auch die Weiterbildungspolitik besonders bedeutsam sind. An den Workshops haben jeweils 15 bis 25 einschlägig ausgewiesene Expertinnen und Experten aus der Wissenschaft und aus der Praxis der Weiterbildung in Unternehmen und bei Bildungsträgern mitgewirkt.

Disparate Strukturen – fehlende Nachhaltigkeit

Allen Bekundungen über die Wichtigkeit (beruflicher) Weiterbildung, ihre strategi-sche Funktion für die Sicherung von Wettbewerbs- und Innovationsfähigkeit und ihre Bedeutung für die Sicherung oder Wiedergewinnung von individueller Be-schäftigungsfähigkeit zum Trotz spielt die Weiterbildung im Vergleich zu anderen Bildungssektoren de facto in der Politik nur eine marginale Rolle. Auch zeigt die Teilnehmerentwicklung keine der wachsenden Bedeutung der Weiterbildung ent-sprechende Dynamik.

Zudem sind die Chancen auf Teilnahme an Weiterbildung je nach Lebens- und Berufssituation sehr unterschiedlich verteilt. Nach wie vor sind die Erwerbsper-sonengruppen bei der individuellen Weiterbildungsteilnahme unterrepräsentiert, deren Potenziale zur Bewältigung von demografisch bedingten Engpässen aktiviert werden müssten: Insbesondere Ältere, Geringqualifizierte und Personen mit Migrationshintergrund nehmen an Weiterbildung deutlich weniger teil als bereits gut qualifizierte Personen. Dies lässt sich nicht nur mit individuellen Motivationslagen erklären. Es liegt auch daran, dass für die Weiterbildungsteilnahme der Erwerbsstatus eine überragende Rolle spielt. Die bisher qualifikationsselektive Weiterbildungsteilnahme kompensiert Versäumnisse in der beruflichen Erstausbildung nicht, sondern verstärkt die gegebenen Bildungsdifferenzen.

Die Heterogenität der Weiterbildungslandschaft spiegelt sich in einer Weiterbildungspolitik wider, die ihrerseits nicht strategische Ziele definiert und kohärente Entwicklungspfade vorgibt, sondern sich in vielfacher Hinsicht zerklüftet darstellt. Das beruht nicht allein auf unvermeidlichen Konsequenzen des Bildungsföderalismus und der Ausdifferenzierung der Zuständigkeiten auf Bundesebene. Es hat auch wesentlich etwas innerhalb der Ressorts mit der Aufgliederung von Programmen und Projekten nach Zielgruppen, Lernformen, Finanzierungsformen, institutionellen Adressaten und Forschungsaffinität zu tun. Dadurch büßen bildungspolitische Interventionen in das Weiterbildungsgeschehen an Nachhaltigkeit ein: Sie sind zu wenig koordiniert, in zu geringem Maße an generellen bildungspolitischen Linien orientiert und jeweils für sich auch oft zu marginal, um dauerhafte Wirkung zu entfalten.

Wenn man die Weiterbildungsbeteiligung nachhaltig steigern will, muss neben die bisher fast ausschließliche Projektförderung eine Politik treten, die auch Standards setzt und Strukturen schafft. Staatliche Interventionen können dabei in der Regel nur Anstöße geben. Sie müssen durch private Initiativen sowie eigene Mittel der Akteure und Teilnehmenden ergänzt und fortgeführt werden.

Als ein zentrales Problem für die Gestaltung der Weiterbildung und die langfristige Sicherstellung der Qualität des Angebots wird die strukturelle Unterfinanzierung und dauerhafte Unterinvestition der beruflichen Weiterbildung angesehen. Ebenso belastend sind die Unkalkulierbarkeit der Planung und Unsicherheit der Finanzierungsgrundlagen, die aus der institutionellen Heterogenität der öffentlichen Financiers, dem vielfach projektförmigen Charakter der Förderung über jeweils kurzzeitige Ausschreibungen, der zunehmenden Privatisierung der Weiterbildungskosten und damit insgesamt der Diskontinuität der Finanzströme resultieren. Betroffen sind vor allem Weiterbildungseinrichtungen mit hohem Anteil öffentlicher Finanzierung.

Fachkräftesicherung und Potenzialentwicklung

Vor dem Hintergrund der demografischen Entwicklung ist für die Zukunft von einem sich verstärkenden Mangel an qualifizierten Fachkräften sowie einem Mismatch zwischen angebotenen und auf dem Arbeitsmarkt nachgefragten Qualifikationen auszugehen. Weiterbildung kann und muss dazu beitragen, dass die vorhandenen Potenziale besser erschlossen und entwickelt werden.

In der Weiterbildungspolitik ist der Blick deshalb vor allem auf Personengruppen zu richten, die bislang in der beruflichen – insbesondere auch der betrieblichen – Weiterbildung unterrepräsentiert sind: Unterbeschäftigte, Geringqualifizierte, teilzeitarbeitende Frauen, ältere Erwerbstätige, bereits länger im Land lebende Migrantinnen und Migranten. Dabei geht es weniger um die Ausweitung des Weiterbildungsangebots als vielmehr um neue Formen von Weiterbildung, die auf die besondere Lebens- und Arbeitssituation dieser Gruppen ausgelegt sind. Im Rahmen einer integrierten Strategie geht es zum einen um eine bessere Verbindung von Lebenssituationen, Erwerbsstatus und Weiterbildung, zum anderen um eine bessere Verknüpfung zwischen unterschiedlichen Typen von Weiterbildungsangeboten, sowohl innerhalb der formalen und nonformalen Angebote als auch zwischen diesen und informellen Formen (z. B. in Unternehmen oder mithilfe von Medien).

Zur Hebung von Fachkräftepotenzialen muss sich die berufliche Weiterbildung in Zukunft in besonderem Maße den Geringqualifizierten zuwenden. Die vergangenen Dekaden, die von geburtenstarken Jahrgängen und erheblichen Disproportionen des Ausbildungsstellenmarktes gekennzeichnet waren, haben dazu geführt, dass heute rund 1,5 Mio. der zwischen 20- und 29-Jährigen nicht über einen Berufsabschluss verfügen und überproportionalen Arbeitslosigkeitsrisiken ausgesetzt sind. Kurze Anpassungs- und Trainingsmaßnahmen können den Qualifikationsstatus dieser Personengruppe nicht nachhaltig verändern. Notwendig wäre stattdessen der Ausbau berufsbezogener Weiterbildungsformate, die zu anerkannten Abschlüssen führen. Die heute bestehenden Möglichkeiten für Nachqualifizierungen wie auch die Zugänge zu den sogenannten „Externenprüfungen" reichen dazu bei Weitem nicht aus. Auch ist der Zugang in der praktischen Umsetzung eher restriktiv, sodass sie nicht in der gebotenen Breite genutzt werden. Gerade Erwerbstätige können Berufsabschlüsse nur selten in einem Zug nachholen. Sie sind auf die Akkumulation von Teilqualifikationen angewiesen und sollten auch ihr berufliches Erfahrungswissen in Prüfungen besser einbringen können.

Mit dem „Gesetz zur Verbesserung der Feststellung und Anerkennung von im Ausland erworbenen Berufsqualifikationen", kurz Anerkennungsgesetz, haben Personen mit einem im Ausland erworbenen beruflichen Abschluss das Recht auf ein Anerkennungsverfahren. Im Falle einer Teilanerkennung von Qualifikationen ergibt sich ein individueller Weiterbildungsbedarf, für den der Bildungsmarkt noch nicht befriedigend aufgestellt ist. Die verbesserte Anerkennung im Ausland erworbener beruflicher Qualifikationen und Abschlüsse ist deshalb mit einem Ausbau der Weiterbildungs- und Beratungsangebote, gegebenenfalls der Nachqualifizierung, vor allem aber mit einer Verbindung von beruflichen, sprachlichen und kulturellen Bildungsangeboten zu koppeln. Um die berufliche und kulturelle Partizipation von Zuwanderinnen und Zuwanderern langfristig zu sichern, erscheint eine entsprechend ausgerichtete Weiterbildung von Erziehern/Erzieherinnen im frühkindlichen Bereich sowie von Lehrern/Lehrerinnen und Ausbildern/Ausbilderinnen wichtig. Bei allen auf Integration zielenden Weiterbildungsaktivitäten sollte auch geprüft werden, welche Rolle Migrantenorganisationen spielen können.

Jenseits der Förderung spezieller Zielgruppen muss es auch darum gehen, die Durchlässigkeit zwischen der beruflichen Aus- und Fortbildung zu erhöhen, die Übergänge in den Hochschulbereich zu erleichtern und generell die gegenseitige Anrechenbarkeit von Fortbildungsregelungen nach Landes- und Bundesrecht zu verbessern. Wichtige Grundlagen hierfür werden mit der Zuordnung von Abschlüssen im Deutschen Qualifikationsrahmen (DQR) gelegt. Jenseits der Zuordnung der Abschlüsse Meister/-in und Techniker/-in auf Stufe sechs ist noch zu klären, welchem Niveau die rund 200 Fortbildungsabschlüsse aufgrund von Rechtsverordnungen des Bundes oder die rund 3.000 verschiedenen Fortbildungsregelungen der Kammern zugeordnet werden. Darüber hinaus werden die zunächst pragmatisch aufgrund von Experteneinschätzungen vorgenommenen Einstufungen wissenschaftlich zu evaluieren sein.

Strukturentwicklung der Weiterbildung

Von der Teilnahme an Weiterbildung werden weitreichende Nutzeneffekte und Wirkungen für die Teilnehmenden selbst, für das betriebliche Umfeld wie auch für die Gesellschaft in Form indirekter Erträge erwartet. Neben unmittelbar ökonomischen Erträgen (z. B. in Form einer erhöhten Arbeitsproduktivität oder eines erhöhten Einkommens) werden der Weiterbildung positive Beiträge zur gesellschaftlichen Teilhabe, zur Arbeitsmarktintegration, zur sozialen Integration sowie zur Lebensqualität oder auch zur Persönlichkeitsentwicklung zugeschrieben. Von Ausnahmen in wenigen Bereichen der Weiterbildung abgesehen, liegen Ergebnisse einer validen Wirkungsforschung nicht vor. Ebenso wenig wird systematisch überprüft, ob und inwieweit die intendierten Lernergebnisse auch erzielt worden sind. Wichtig für die Bildungs- und Arbeitsmarktpolitik wie auch für individuelle Bildungsentscheidungen wären darüber hinaus Befunde zu den Wirkungen von Maßnahmen und Programmen im Hinblick auf die berufliche Entwicklung der Teilnehmenden und Absolventen und Absolventinnen. Während zu den Wirkungen arbeitsmarktpolitischer Instrumente inzwischen eine breite Basis an Instrumenten und Ergebnissen vorliegt, fehlen entsprechende Analysen für den Bereich der beruflichen Fortbildungsabschlüsse. Dies ist umso misslicher, als die Umstellung auf Bachelor- und Masterabschlüsse sowie das Anwachsen der Studierendenzahlen vermutlich Konsequenzen für die berufliche Stellung und die Karrieremöglichkeiten von Fortbildungsabsolventinnen und -absolventen haben werden.

Verfahren der Qualitätssicherung haben sich in der Weiterbildung auf der Grundlage von Qualitätsmanagementsystemen etabliert, die aus der Industrie entlehnt und
teilweise für den Bildungsbereich angepasst worden sind. Damit wurden in dem
insgesamt wenig geregelten Weiterbildungsbereich Selbst- und Marktsteuerungsmechanismen aktiviert, regulative Funktionen auf die Steuerungsebene des Marktes
verlagert, zugleich in der Umsetzung oftmals pragmatisch verengt und zu wenig an
wissenschaftlich ausgewiesenen Qualitätsstandards für die Gestaltung von Weiterbildungsprozessen und deren Outcomes orientiert. Dies ist umso bedeutsamer, als
Zertifizierungs- und Anerkennungsverfahren binnen weniger Jahre für die Marktfähigkeit der Bildungsanbieter entscheidend geworden sind. Angesichts unterschiedlicher Verfahren und Kriterien in unterschiedlichen Teilmärkten sind Klarheit und eine
Vereinheitlichung der Zertifizierungskriterien und -maßstäbe anzustreben. Ebenso
notwendig wäre eine Klärung der Frage, welche Wirkungen mit den verschiedenen
Zertifizierungs- und Qualitätsmanagementinstrumenten tatsächlich verbunden sind.

Für die Qualität der Weiterbildung kommt der Qualifizierung des Weiterbildungspersonals eine Schlüsselrolle zu. Angesichts der Heterogenität der Aufgaben
des Bildungspersonals lassen sich verbindliche Standards für die Ausbildung und
Berufsausübung nicht vertreten. Es wäre jedoch zu prüfen, ob – zusammen mit relevanten Akteurinnen und Akteuren – Anforderungen an die Professionalität und die
Fortbildung des Weiterbildungspersonals definiert werden können, denen ein Empfehlungscharakter für die Weiterbildungsinstitutionen zukommt. Es ist davon auszugehen, dass sie Eingang in die Qualitätsmanagement- und Zertifizierungssysteme
finden und somit praxiswirksam werden.

Teilnehmer/-innen an Weiterbildungen sind an aussagefähigen und anerkannten Nachweisen der erworbenen Kompetenzen interessiert. Das Zertifikatswesen
der Bildungsanbieter umfasst ein breites Spektrum qualitativ sehr unterschiedlich
aussagekräftiger, unterschiedlich weit verbreiteter und bekannter Zertifikate. Es erscheint daher notwendig, auch für die berufliche Weiterbildung verstärkt Standards
der Zertifizierung bereitzustellen. Für eine Standardisierung von Zertifikaten kommen vorrangig solche Weiterbildungen in Betracht, die länger dauern und auf eine
umfassende berufliche Kompetenzentwicklung abzielen. Sie sollten sich stärker am
bestehenden Referenzrahmen des Berufssystems orientieren.

Die Definition von Qualifikationsniveaus im DQR im Sinne nachgewiesener
Lernergebnisse gibt einen Anstoß, nonformal und informell erworbene Kompetenzen transparent zu machen und ihre Anerkennung zu prüfen. Die Einführung von
Validierungsverfahren bedarf grundlegender institutioneller und organisatorischer
Entwicklungen. Auch ist ein rechtlicher Rahmen für die Anerkennung von Lernergebnissen des nonformalen und informellen Lernens zu schaffen, damit dessen Ergebnisse besser dokumentiert und besser auf dem Arbeitsmarkt verwertbar werden.

Kompetenz-Portfolios unterschiedlicher Anbieter haben diese Funktion bislang nicht erfüllt. Die Umsetzung wäre denkbar in Form einer bundesweiten Rechtsverordnung, die Kriterien und Qualitätsstandards festlegt, nach denen eine Anerkennung erfolgen soll.

Als Grundlage und Voraussetzung für die Sicherstellung qualitativ anspruchsvoller Weiterbildungsprogramme und den Einsatz professionellen Personals scheint eine Verstetigung der Finanzierung von Weiterbildung zwingend. Das Problem ist nicht einfach zu lösen, weil die Flexibilität und Situationsgebundenheit vieler beruflicher Weiterbildungen nicht einfach aufgehoben werden kann und sollte. Da die Weiterbildungslandschaft durch vielfältige soziale, regionale und wirtschaftliche Disparitäten gekennzeichnet ist, die auch auf unterschiedliche ökonomische Ressourcen zurückzuführen sind, sollte die Politik auf eine Verstetigung der Mittelansätze abzielen.

Dies gilt auch für die Finanzierung der Weiterbildungsberatung. Es muss darum gehen, die Beratung auf verlässliche und dauerhafte Weise zu institutionalisieren und von einer Bindung an temporäre Programme und Projektfinanzierungen zu befreien. Parallel dazu steht die Etablierung von Qualitätsstandards für die Beratung auf der Agenda. Ein Entwicklungssprung sowohl bei der Quantität wie auch der Qualität der Beratung ist notwendig, um dieser jene Bedeutung zu geben, die ihr für die weitere Entwicklung der Weiterbildung zukommt. Dafür bedarf es übergreifender Promotoren, einer kohärenten Forschungs- und Entwicklungsstrategie und neuer Finanzierungsansätze.

Entwicklung der Forschungsinfrastruktur

Eine Stärkung der strategischen Perspektive der Weiterbildungspolitik beruht wesentlich auf einer sachgerechten Koordination, die wiederum einer besseren Forschungsinfrastruktur bedarf. Notwendig ist eine längerfristig ausgerichtete, konsistente Forschungsstrategie. Politik sollte – um ein Beispiel zu nennen – die aufgewiesenen Schwächen in der Forschungslandschaft zum Anlass nehmen, ein umfangreiches Forschungsprogramm zur „Ökonomie der Weiterbildung" zu initiieren, das auch eine Erweiterung der bildungsökonomischen Grundlagenforschung einschließen müsste und insofern einer über Ressortforschung hinausgehenden breiten Forschungsbasierung bedarf.

Gerade weil Weiterbildungsforschung von ihrem Gegenstandsbereich her eine stark anwendungsbezogene Forschung sein muss, ist ein Fundament in der Grundlagenforschung unabdingbar. Ein derartiges grundlagenwissenschaftliches Fundament, das sich aus unterschiedlichen Disziplinen speisen könnte, ist zu wenig erkennbar. Dazu gehört auch die Schaffung einer belastbaren Datenbasis.

Durch neue und die Verstetigung bisheriger Erhebungen hat sich die Datenlage zur Weiterbildung zwar im Vergleich zur Vergangenheit verbessert. Es wäre aber notwendig, die bestehenden Erhebungen fortzuentwickeln und die Erhebungsdaten zugleich stärker für die Forschung zugänglich zu machen. Außerdem gilt es, Lücken zu schließen, beispielsweise durch eine einheitliche Trägerstatistik, die Erfassung von privaten wie öffentlichen Aufwendungen für Weiterbildung oder der Wirkungsforschung.

Wissenschafts- und Forschungspolitik wie auch die Weiterbildungspraxis sollten Anregungen für die Weiterbildungsforschung geben und Anforderungen an sie stellen. Empfohlen wird dazu die Förderung von Dialogforen, in denen ein Austausch zwischen Vertretern der Wissenschaft und Vertretern der Praxis und Politik stattfindet.

Um eine Neukonturierung der politikbezogenen Weiterbildungsforschung vornehmen zu können, reichen die vorhandenen Kapazitäten der Forschung an Hochschulen und Forschungsinstituten nicht aus. Jenseits der Notwendigkeit einer verstärkten Vernetzung über die Disziplingrenzen hinaus erscheint eine quantitative wie auch qualitative Weiterentwicklung vonnöten. Die Grundlage hierfür muss durch eine systematische Förderung des wissenschaftlichen Nachwuchses geschaffen werden. Es wäre deshalb im Hinblick auf die Schaffung und Förderung nachhaltiger Strukturen wichtig, dass die Programmförderung mit einer Forschungsförderung zur Weiterbildung sowie mit einer gezielten Förderung des wissenschaftlichen Nachwuchses verbunden wird.

1. Anspruch und Wirklichkeit der Weiterbildung in Deutschland

1.1 Weiterbildung als Antwort auf den strukturellen Wandel

Weiterbildung wird in programmatischen Stellungnahmen durchweg eine hohe Wertschätzung zuteil. Es heißt allenthalben, sie werde zukünftig (noch) wichtiger, sie müsse ausgebaut werden und im Vergleich zur Erstausbildung an Bedeutung gewinnen. Weiterbildung wird dabei zum einen als Voraussetzung für die wirtschaftliche Entwicklung, als Beitrag zur Sicherung der Wettbewerbsfähigkeit und als Teil von Innovationsprozessen in Unternehmen angesehen. Weiterbildung wird zum anderen als Teil des lebenslangen Lernens, als Beitrag zur individuellen persönlichen und beruflichen Entwicklung, als Instrument zum Nachholen von Abschlüssen sowie als Beitrag für soziale Teilhabe gefordert.

Neuerdings ist es vor allem die Sicherung des Fachkräftebedarfs, zu der Weiterbildung beitragen soll. Einem in vielen Sektoren wachsenden Fachkräftebedarf steht in den kommenden Jahrzehnten ein gleichbleibendes oder in einigen Regionen schrumpfendes Erwerbspersonenpotenzial gegenüber. Dadurch wird künftiges Wachstum begrenzt, wenn nicht politisch gegengesteuert wird. Bildungspolitische Interventionen zur Verbesserung der Leistungsfähigkeit der beruflichen und akademischen Erstausbildung sind eine notwendige politische Perspektive, reichen aber allein nicht aus, da sie demografisch bedingte Rückgänge und den Prozess der kontinuierlichen Entwertung von Wissen kaum zu kompensieren vermögen.

Die vergangenen Dekaden, die von geburtenstarken Jahrgängen und wiederholten Phasen geringer Arbeitskräftenachfrage gekennzeichnet waren, haben dazu geführt, dass heute 1,5 Mio. der zwischen 20- und 29-Jährigen nicht über einen Berufsabschluss verfügen und dass viele beruflich oder akademisch qualifizierte Deutsche und Migrantinnen und Migranten unterhalb des Niveaus ihrer Berufsqualifikation eingesetzt werden. Kurze Innovationszyklen führen zudem dazu, dass viele formal Qualifizierte aktuelle fachliche Anforderungen nicht mehr ausreichend erfüllen. Fachkräftemangel bei einer gleichzeitig noch immer hohen Arbeitslosenquote ist ein Ergebnis dieser Entwicklungen – ein Mismatch, dem durch berufliche Weiterbildung entgegengetreten werden könnte. Diese Chance wird noch nicht, zumindest nicht in ausreichendem Maße genutzt.

Demografisch bedingte Fachkräfteengpässe sind ein besonders augenfälliger und ökonomisch wichtiger Begründungszusammenhang für neue Initiativen in der beruflichen Weiterbildung und für das berufliche Weiterlernen. Aber er könnte zu kurz greifen, weil sich – wie die Autorengruppe Bildungsberichterstattung (2010, 151) feststellt – demografische Prozesse im Rahmen des fortschreitenden ökonomischen und sozialen Wandels vollziehen. Damit sind die Veränderungstendenzen angesprochen, die sich nicht nur der Entwicklung neuer Arbeitskräftepotenziale, sondern auch den Herausforderungen für die Weiterentwicklung des aktiven Arbeitskräftebestands stellen: der zunehmende Wandel zur Dienstleistungsökonomie mit neuen interaktiven Formen von Arbeit, die zunehmende Internationalisierung der Güter- und Arbeitsmärkte, die hohen Unsicherheiten über künftige Qualifikationsprofile, die fortschreitende Wissens- und Innovationsdynamik, die Wissen veralten lässt und neue Ungewissheiten schafft sowie die Forderungen nach egalitären Beteiligungsmustern von Frauen und Männern in Erwerbsarbeit und Privatleben.

Der Zusammenhang beider Begründungsstränge – demografische Entwicklung und sozioökonomischer Strukturwandel – kann den Blick dafür schärfen, dass auf wissenschaftlicher Grundlage neue Konzepte für berufliche Weiterbildung und berufliches Weiterlernen zu entwickeln sind, indem institutionelle Formen der Weiterbildung mit arbeitsintegrierten, nicht formalisierten Weiterlernprozessen zusammen konzeptualisiert werden.

Auch bei Öffnung des Arbeitsmarktes nach Osteuropa und bei weiterer Zuwanderung entsteht ein neuer Qualifizierungsbedarf, zu dessen Befriedigung die Weiterbildung außerhalb von, vor allem aber auch in Unternehmen herausgefordert ist. Weiterbildung dient hier nicht nur der Anpassung an Qualifikationen, sondern auch der gesellschaftlichen Integration. Hinzu kommt: Da sich technischer und arbeitsstruktureller Wandel zuvorderst in den Betrieben vollzieht, sind ihre formellen und nicht formalisierten Kapazitäten für kontinuierliches Lernen für die berufliche Weiterbildung insgesamt nicht hoch genug einzuschätzen – unabhängig davon, ob das den Verantwortlichen in den Betrieben bewusst ist oder nicht.

1.2 Zum Weiterbildungsverständnis: Weiterbildung als Teil des lebenslangen Lernens

Im Folgenden werden mit Weiterbildung sowohl formale Weiterbildung als auch alle nonformalen und informellen Weiterbildungsprozesse bezeichnet. Dieses erweiterte Verständnis unterscheidet sich von dem stark institutionell gefassten Weiterbildungskonzept des Deutschen Bildungsrats von 1970, das lange Zeit das Denken über Weiterbildung in Wissenschaft und Politik in Deutschland geprägt hat. Mit der Formulierung, dass Weiterbildung die „Fortsetzung oder Wiederaufnahme organisierten Lernens nach Abschluss einer unterschiedlich ausgedehnten ersten Bildungsphase" (Deutscher Bildungsrat 1970, 197) sei, konstatiert der Bildungsrat eine strukturelle Gleichheit von schulischer Bildung und Weiterbildung, die die für Politik wie Forschung relevante Besonderheit von Weiterbildung schon in den 1970er-Jahren und mehr noch heute verfehlte bzw. verfehlt. Weder kann man bei Weiterbildung von einer ähnlichen institutionellen Einheitlichkeit noch von ähnlich verbindlichen Lernzielen und Curricula oder von gleichen persönlichen Merkmalen der Lernenden wie bei schulischer Bildung ausgehen.

Deswegen erscheinen auch Vorstellungen über Weiterbildung als „vierte Säule" im Sinne eines kompakten Regulierungssystems für politische Gestaltung nicht als tragfähige Wegweiser, so wenig auf die politische Gestaltung des Bereichs verzichtet werden kann. Das Spezifische von Weiterbildung liegt in ihrer funktionalen, inhaltlichen und institutionellen Heterogenität sowie in ihrer Einbettung in oder Nähe zu lebens- und arbeitsweltlichen Kontexten. Es sind diese besonderen Konstitutionsbedingungen, die bis heute die politische Gestaltung und die Herstellung forschungsgestützter Transparenz in der Weiterbildung so schwer gemacht haben. Der Spagat zwischen Regulierungserfordernis und konstitutiven Regulierungsbarrieren bleibt auch in Zukunft eine Herausforderung für Politik wie Wissenschaft.

Die grundlegenden Schwierigkeiten für Transparenz und Regulierung haben sich durch neue Entwicklungen weiter erhöht: Schnelle Veränderungen des angewandten Wissens aufgrund beschleunigter Innovationsdynamik, forcierter Wandel der Qualifikationsanforderungen auf den Arbeitsmärkten vor dem Hintergrund von Globalisierung und technologischer Entwicklung sowie die breit beobachtbare Entgrenzung beruflicher Arbeitsorganisation in den Betrieben erhöhen die Unsicherheiten über künftige Kompetenzprofile und Qualifikationsanforderungen, die zumal für die hier im Zentrum stehende berufliche Weiterbildung aber unverzichtbare Bezugspunkte abgeben.

Berufliche und hier vor allem die betriebliche Weiterbildung sind gekennzeichnet durch eine Pluralisierung der Lernformen, der Lernorte, der Methoden und der Medien. Arnold (1995) hat dieses Phänomen treffend mit dem Begriff der „Entgrenzung" bezeichnet. Er beschreibt damit eine Öffnung der Weiterbildung, unter anderem in Richtung auf Konzepte der Organisationsentwicklung, des Lernens im Prozess der Arbeit sowie der Einbeziehung des informellen Lernens. Damit wird dem Umstand Rechnung getragen, dass sich Lernen im Erwachsenenalter nicht allein, vermutlich nicht einmal vorwiegend in pädagogisch gestalteten Umgebungen und nach einem vorgegebenen Curriculum vollzieht, sondern zu wesentlichen Teilen selbstorganisiert ist und in die Arbeits- und Lebensvollzüge integriert ist. In ähnlicher Weise beschreiben Gieseke/Enoch/Lehmann Erwachsenenbildung „als Suchbewegung, als Dienstleistung, als Forum, als Qualifizierung, als mediales Lernpaket, als Wissensressource, als Trainings- und Reflexionsangebot". Sie schaffe „komplexe Lernkulturen, die situationsspezifisch auszulegen sind" (Gieseke/Enoch/Lehmann 2010, 4).

Steigende Unsicherheit muss nicht zur Deinstitutionalisierung von Weiterbildung führen, sie erfordert aber lockerere Institutionalisierungsformen als bisher, die „offenen", in soziale Kontexte (einschließlich Betriebe) eingebetteten Lernprozessen und individueller Selbstorganisation Raum geben. Strukturelle Offenheit und individuelle Selbstorganisation von Lernprozessen lassen sich als normative Eckpfeiler eines Konzepts der Weiterbildung und des lebenslangen Lernens verstehen, das den Wandel von einer stärker angebots- zu einer stärker nachfrageorientierten oder einer eher institutionenbasierten zu einer eher prozessbasierten beruflichen Weiterbildungsorganisation einleiten könnte.

Beide normativen Bezugspunkte – strukturelle Offenheit und individuelle Steuerungsfähigkeit – richten sich zunächst auf die Gestaltung von Lernprozessen im Erwachsenenalter. Für Weiterbildungspolitik gewinnen sie ihre Relevanz für die Entwicklung von Qualitätsstandards für Weiterbildungs- und Beratungsangebote sowie für Förderprogramme, z. B. mit dem Ziel einer nachholenden Qualifizierung. Denn die starke Individualisierung und Biografisierung des Erwachsenenlernens ist nicht voraussetzungslos. Sie erfordert sowohl Kompetenzen, die in der Bildungsbiografie angelegt sein oder nachträglich erworben werden müssen, als auch organisatorische Gelegenheiten, z. B. eine lernförderliche Arbeit oder den Zugang zu Medien.

Daher ist auch die Fokussierung auf berufliche Weiterbildung als Schwerpunktsetzung zu verstehen und folgt nicht der Vorstellung einer strikten inhaltlichen Abgrenzung von allgemeiner und beruflicher Weiterbildung. Es wird sich im Folgenden immer wieder zeigen, wie eng berufliche und allgemeine Lerninhalte aufeinander bezogen sind. Dies gilt beispielsweise für die sprachliche und kulturelle Bildung im Kontext der beruflichen Nachqualifizierung von Migrantinnen und Migranten, aber auch die sogenannte Anpassungsfortbildung, die ohne funktionsübergreifende Bezüge weder denkbar noch erfolgreich ist.

Für die Forschung sollten beide Parameter eine Umorientierung von der Fokussierung auf Beteiligungsquoten zur Analyse der Qualität von Steuerungsprozessen und des Outcomes (Kompetenzvermittlung) von Lernprozessen bewirken, da sich darüber auch neue Erklärungen für Weiterbildungsbeteiligung und -abstinenz ergeben könnten.

1.3   Problemlagen der Weiterbildung

Anspruch und Realitäten der Weiterbildung klaffen auseinander. Dies lässt sich paradigmatisch belegen durch Hinweis auf die Datenlage, die tatsächliche Bedeutung der Weiterbildung in der Gesellschaft, die begrenzt vorhandenen und zudem zersplitterten Forschungskapazitäten sowie die marginale Rolle, die die Politik bei der Steuerung dieses Bildungsbereiches spielt.

1.3.1 Heterogene Datenlage

Die unterschiedlichen Strukturen und Rechtsgrundlagen für die Weiterbildung schlagen sich nicht zuletzt in einer heterogenen Datenlage nieder. Daten sind zwar in größerer Zahl vorhanden, sie beziehen sich meist aber nur auf einzelne Weiterbildungssegmente und sind in ihrer Aussagefähigkeit wie in ihrer Qualität kaum miteinander kompatibel. So gibt es Statistiken für den Bereich der Erwachsenenbildung oder für die von der Arbeitsverwaltung nach dem SGB geförderten Maßnahmen. Für andere Bereiche der Weiterbildung gibt es hingegen nur Erhebungen in unterschiedlichen zeitlichen Abständen und mit unterschiedlichen Fragestellungen. Seit Langem wird deshalb die Forderung nach einer einheitlichen statistischen Grundlage erhoben (Stand und Entwicklung einer bundesweiten Weiterbildungsstatistik 2000). Dazu bedürfte es indessen einer gesetzlichen Grundlage. Für deren Schaffung durch den Bund gibt es bislang weder einen politischen Konsens noch eine hinreichende verfassungsrechtliche Grundlage.

Durch neue und regelmäßige Erhebungen sind in den vergangenen Jahren indessen deutliche Fortschritte in der Berichterstattung über Weiterbildung erzielt worden. Hinzuweisen ist etwa auf die Weiterentwicklung des Berichtssystems Weiterbildung (BSW) und dessen Integration in den Adult Education Survey (AES). Im nationalen Bildungspanel (NEPS) werden Lebens- und Bildungsverläufe abgebildet, die einen vertieften Einblick in Bildungsentscheidungen, Übergänge und deren Einflussfaktoren liefern werden. Mit dem Programm zur international vergleichenden Kompetenzmessung im Erwachsenenalter (PIAAC) steht darüber hinaus ein Instrument zur Verfügung, um Zusammenhänge zwischen Weiterbildungsverhalten und Kompetenzen in unterschiedlichen Ländern zu analysieren.

Diese Daten werden ergänzt durch regelmäßige Befragungen zur betrieblichen Weiterbildung. Sie werden durch das IAB-Betriebspanel (Bellmann/Leber 2010), die Weiterbildungserhebungen des IW (Werner/Seyda 2012) oder im Rahmen der europäischen Weiterbildungserhebung CVTS (Behringer/Käpplinger/Pätzold 2009) bereitgestellt. Es ist zu begrüßen, dass die nationalen Erhebungen regelmäßig und in verkürzten Zeitabständen durchgeführt werden. Damit können Entwicklungen in der betrieblichen Weiterbildung, zumindest auf einer stark aggregierten Basis, nachvollzogen werden. Noch offen ist die Zukunft der europäischen Weiterbildungserhebung CVTS. Bislang wurde die Erhebung in vier Wellen mit den Basisjahren 1993, 1999, 2005 und 2010 durchgeführt.

Die aus den internationalen Erhebungen stammenden Vergleichsdaten werfen indessen eine Reihe von Fragen auf. Sie betreffen die Ursachen und Hintergründe für die zum Teil erheblichen Unterschiede in der Bedeutung der Weiterbildung zwischen den einzelnen Staaten. Offen ist, inwieweit sie auf unterschiedliche strukturelle Rahmenbedingungen, auf unterschiedliche Kulturen und Traditionen oder unterschiedliche Abgrenzungen und Verständnisse der Befragten zurückzuführen sind. Ebenso unklar ist, womit die teilweise erratischen Veränderungen bei einzelnen Kennziffern in einigen Ländern zu erklären sind. Zur Analyse und Interpretation der Daten wären mehr Hintergrundinformationen über die Erhebung und Aufbereitung der Erhebungsdaten erforderlich.

Eine gemeinsame Statistik der Weiterbildungsträger gibt es nach wie vor nicht. Es existieren bisher Teilstatistiken für die verschiedenen Trägergruppen (u. a. BIBB 2012, 313 ff.). Eine vergleichbare Initiative im Bereich der Bildungswerke der Wirtschaft ist nach wenigen Jahren wieder eingestellt worden. Mit dem Weiterbildungsmonitor (WBmonitor Umfrage 2010) steht jedoch ein Instrument zur Verfügung, mit dem einmal jährlich relevante Entwicklungs- und Strukturdaten auf der Ebene unterschiedlicher Anbieter erhoben werden. Erfasst werden rund 15.000 identifizierte Anbieter im Bereich der allgemeinen und beruflichen Weiterbildung.

Unbefriedigend ist nach wie vor die Erfassung der privaten wie der öffentlichen Aufwendungen für Weiterbildung. Der Bildungsfinanzbericht (Statistisches Bundesamt 2011) stellt die verschiedenen Daten aus Statistiken und Erhebungen zusammen und dokumentiert somit fortlaufend den Erkenntnisstand. Die Daten kranken aber an grundlegenden Erfassungsproblemen. Im öffentlichen Bereich besteht ein zentrales Problem darin, dass es in den öffentlichen Haushalten keine klaren Abgrenzungen der Titel für Weiterbildung von anderen Aufgaben gibt. Im privaten Bereich besteht das Problem darin, dass es keine einheitliche Erfassung der Ausgaben bzw. Aufwendungen gibt und vielfach mit Schätzungen gearbeitet werden muss. Hinzu kommt bei der Aggregation der Daten das Problem, dass im öffentlichen Bereich Ausgaben erfasst werden, im privaten Sektor dagegen Aufwendungen und Kosten. Zudem fehlen aktuelle Daten zu den Weiterbildungsaufwendungen der Teilnehmerinnen und Teilnehmer. Die letzte Erhebung stammt aus dem Jahr 1992 (Bardeleben u. a. 1996). Es ist zu vermuten, dass der Anteil an den gesamten Aufwendungen des privaten und staatlichen Sektors tendenziell gestiegen ist. Zum einen sind die Teilehmergebühren in der öffentlich verantworteten Erwachsenenbildung angestiegen (Dohmen 2005); zum anderen haben die Betriebe einen Teil ihrer Weiterbildung in den Freizeitbereich der Mitarbeiterinnen und Mitarbeiter verlagert (Werner/Seyda 2012). Sie beteiligen damit die Beschäftigten an den betrieblichen Weiterbildungsaufwendungen.

Unbefriedigend ist auch die Identifikation von Wirkungen, insbesondere die Feststellung der erreichten Lernergebnisse. Mit der internationalen Vergleichsstudie „Programme for the International Assessment of Adult Competencies" (PIAAC), aber auch den Erhebungen im Rahmen des Bildungspanels werden in Zukunft Ergebnisse zu den Kompetenzen von Erwachsenen zur Verfügung stehen. Sie konzentrieren sich indessen auf allgemeine Kompetenzen, etwa im Bereich Lesen oder Mathematik. Darüber hinaus werden personenbezogene Kontextinformationen wie der Bildungsabschluss und Beruf erfasst. Auch wenn damit keine spezifisch beruflichen Kompetenzen abgebildet werden, besteht die Möglichkeit, Unterschiede in der Kompetenzstruktur im Erwachsenenalter abzubilden. Damit stünden – voraussichtlich ab 2013 – wichtige Grundlageninformationen für Strategien eines lebensbegleitenden Lernens zur Verfügung.

1.3.2 Stagnation und strukturelle Defizite

Allen Bekundungen über die Wichtigkeit (beruflicher) Weiterbildung, ihre strategische Funktion für die Sicherung von Wettbewerbs- und Innovationsfähigkeit, ihre Bedeutung für die Sicherung oder Wiedergewinnung von Beschäftigungsfähigkeit zum Trotz spielt Weiterbildung im Vergleich zu anderen Bildungssektoren de facto nur eine marginale Rolle. Dies gilt sowohl für die Anteile der Aufwendungen für Weiterbildung am öffentlichen Bildungsbudget (Statistisches Bundesamt 2011b, 18), die Teilnahmequoten von Beschäftigten (BMBF 2011, 11) wie auch die zeitliche Dauer von Weiterbildung. Weiterbildung stellt im Lebenszyklus eine randständige, in zeitlicher Hinsicht fast zu vernachlässigende Phase dar. Weder mit der Dauer der Schulbildung oder der Berufsausbildung noch mit den Arbeitsphasen können die Weiterbildungszeiten vom Volumen her auch nur annähernd konkurrieren. Inwieweit der Aufwärtstrend bei der betrieblichen Weiterbildung, den sowohl die jüngsten Daten aus dem IAB-Betriebspanel (Hartung 2012, 45 und 49) als auch der IW-Weiterbildungserhebung (Werner/Seyda 2012) feststellen, von Dauer ist und zu einer Trendumkehr beiträgt, bleibt abzuwarten.[2]

Im europäischen Vergleich erreichen die Teilnahmequoten sowohl für die Weiterbildung insgesamt (Rosenbladt/Seidel 2008, 196 und 199) als auch die betriebliche Weiterbildung (Behringer/Schönfeld 2010) als wichtigstem Segment bestenfalls Durchschnittswerte. Zum Teil liegen einzelne Indikatoren auch deutlich unter dem Durchschnitt. Andere Staaten, wie Dänemark, die Niederlande oder Finnland, das Vereinigte Königreich, Frankreich oder selbst Tschechien, kommen teilweise zu deutlich höheren Anteilen, was das Weiterbildungsengagement der Unternehmen und den Umfang der Weiterbildungsteilnahme der Beschäftigten angeht. Zwar haben informelle Lernformen in Deutschland ein relativ höheres Gewicht, es ist aber fraglich, ob dies die deutlichen Defizite im organisierten Lernen kompensieren kann. Vor diesem Hintergrund stellt sich die mit den vorliegenden Ergebnissen aus den Weiterbildungserhebungen nicht zu beantwortende Frage, wie es deutschen Unternehmen dennoch gelingt, auf den internationalen Märkten erfolgreich zu sein.

---

2   Vgl. Anmerkung 1.

Offenbar gibt es andere Faktoren für den wirtschaftlichen Erfolg von Unternehmen als die Teilnahme an organisierter Weiterbildung.

Vom politisch proklamierten Ziel einer Weiterbildungsquote von 50 Prozent, gemessen an der Bevölkerung im erwerbsfähigen Alter, ist die Realität seit Jahren deutlich entfernt. Den AES-Daten zufolge lag die Weiterbildungsquote in den vergangenen Erhebungswellen zwischen 42 und 44 Prozent (Autorengruppe Bildungsberichterstattung 2012, 305). Unabhängig davon, ob es sinnvoll ist, derartige Zielgrößen zu formulieren, stellt sich die Frage, was die Gründe für die anhaltende Stagnation der Weiterbildungsbeteiligung insgesamt sind. Dabei sind unter anderem veränderte Erwerbsstrukturen – beispielsweise ein Rückgang von sogenannten Normarbeitsverhältnissen und die Zunahme von „atypischen" oder prekären Beschäftigungsverhältnissen – wie auch flexibilisierte Arbeitszeiten in Rechnung zu stellen.

Die Chancen auf Teilnahme an Weiterbildung sind je nach Lebens- und Berufssituation sehr unterschiedlich verteilt. An der Segmentation nach Bildungsniveaus hat sich im Kern seit Jahren wenig verändert. Es sind nach wie vor die formal Geringqualifizierten, die Älteren und Migrantinnen und Migranten, die deutlich seltener an Weiterbildung teilnehmen als der Durchschnitt der Bevölkerung (ebenda, 142 f.). Eine positive Tendenz ist allerdings bei Frauen zu erkennen. Entsprechend dem steigenden Bildungsstand, der steigenden Erwerbsbeteiligung und auch dem – sicherlich noch zu langsamen – Vordringen von Frauen in Führungspositionen ist die Weiterbildungsbeteiligung deutlich angestiegen. Auf vergleichbaren Positionen und mit vergleichbarem Bildungsstand nehmen Frauen inzwischen ebenso so häufig wie Männer an Weiterbildung teil (Rosenbladt/Bilger 2008, 152).

Neben der persönlichen und beruflichen Lebenssituation sowie der Verfügbarkeit über finanzielle und zeitliche Ressourcen ist das Lernklima in den Unternehmen einer der entscheidenden Faktoren für die Motivation und Teilnahme an der betrieblichen Weiterbildung. In der letzten umfassenden Repräsentativstudie zu Weiterbildungsbewusstsein und Weiterbildungsverhalten hat sich in einer multivariaten Analyse als stärkster Faktor für individuelle Lernkompetenz in der Weiterbildung die Lernförderlichkeit der Arbeit herausgestellt, die jemand verrichtet (Baethge/Baethge-Kinsky 2004, 92 ff.). Mit anderen Worten: Wer eine herausfordernde berufliche Tätigkeit mit wechselnden Arbeitsaufgaben ausübt, hat nicht nur viele Gelegenheiten zum informellen Lernen, sondern nimmt in der Regel auch häufiger Weiterbildungsangebote wahr. Umgekehrt haben Mitarbeiter/-innen mit weniger anspruchsvollen Arbeitsaufgaben nicht nur weniger informelle Lernanreize, sondern zugleich auch geringere Chancen, dies durch formalisierte Lernangebote zu kompensieren.

1.3.3 Zerfaserte Weiterbildungsforschung

Forschungsaktivitäten zur Weiterbildung zergliedern sich disziplinär (vor allem in die Berufs- und Wirtschaftspädagogik, Bildungssoziologie, Bildungsökonomie, Psychologie) und nach spezifischen Gegenständen (unter anderem Berufsbildungsforschung, Arbeitsmarktforschung, Erwachsenenbildungsforschung, Forschung zum nonformalen und informellen Lernen, Lernforschung), nach Zielgruppen und Instrumenten der Weiterbildung, ohne dass es zu einer Zusammenführung kommt. Einer der Gründe liegt in der vorwiegend disziplinären Ausrichtung des Wissenschaftssystems. Sie manifestiert sich etwa in den Verfahren bei der Begutachtung von Forschungsanträgen, der Bewertung von Publikationen und Forschungsleistungen oder auch den Kriterien für eine Hochschulkarriere. Trans- und multidisziplinäre Forschung, wie sie für den Gegenstandsbereich der Weiterbildung angezeigt wäre, hat es daher schwer. Sie erfordert die Offenheit anderen Theorieansätzen und Denkweisen gegenüber sowie einen hohen Zeitaufwand, sich damit auseinanderzusetzen.

Hinzu kommt, dass die Wissenschaft über Weiterbildung im Konzert der Wissenschaften zu jung ist, als dass man von ihr schon von einer etablierten Disziplin sprechen könnte, was wissenschaftliche Kategorien, Methoden und Standards angeht. Zudem hat sie sich in den letzten Jahrzehnten vor allem als angewandte Wissenschaft entwickelt. Ein grundlagenwissenschaftliches Fundament, das sich durchaus aus unterschiedlichen anderen Disziplinen (Psychologie, allgemeiner Pädagogik, Ökonomie, Soziologie u. a.) speisen könnte, ist zu wenig erkennbar und vermutlich auch nicht ausreichend ausgebildet. Gerade weil Weiterbildungsforschung von ihrem Gegenstandsbereich her auch in Zukunft eine stark anwendungsbezogene Forschung sein wird, ist ein Fundament in der Grundlagenforschung so wichtig. Daneben kommt es auf einen Austausch zwischen Wissenschaft, Politik und Praxis an. Wissenschafts- und Forschungspolitik könnten und sollten Anregungen für die Weiterbildungsforschung geben und Anforderungen an sie stellen.

1.3.4 Zerklüftete Weiterbildungspolitik

Anders als die staatlichen oder öffentlich beaufsichtigten Systeme der beruflichen Erstausbildung und der Hochschulbildung ist die Weiterbildung nicht durch umfassende Institutionalisierung und hohe Regelungsdichte gekennzeichnet. Zwar gibt es durchaus hoch regulierte Bereiche wie den Fernunterricht, der mit dem Fernunterrichtsschutzgesetz eine spezifische gesetzliche Grundlage hat. Andere Bereiche wie die betriebliche Weiterbildung sind hingegen durch Gesetze kaum reguliert. Die weitestgehende Regulierung erfolgt hier durch das Betriebsverfassungsgesetz. Charakteristisch für das Gesamtsystem ist eine vergleichsweise zurückhaltende Rolle des Gesetzgebers sowie ein Nebeneinander staatlicher, sozialpartnerschaftlicher und privatwirtschaftlicher Steuerungsmechanismen. Politische Interventionen zur Steuerung und Förderung der Weiterbildung geschehen daher weniger durch die Gesetzgebung oder auf dem Verordnungsweg als vielmehr durch Anreize, Programme und Projekte.

Kennzeichen der Weiterbildung und des lebensbegleitenden Lernens ist eine weitgehend dezentrale Steuerung durch die jeweiligen Akteure. Das sind allen voran die Unternehmen und institutionelle Auftraggeber wie die Bundesagentur für Arbeit, die Rentenversicherungsträger oder die Kommunen, sodann die Bildungsanbieter, die Kammern sowie die Sozialpartner. Diese Gemengelage wird mit dem Begriff der Marktsteuerung ebenso wenig zutreffend belegt wie mit dem von Faulstich et al. (1991) geprägten Begriff der „mittleren Systematisierung". Beide verkennen die Eigenart des Weiterbildungssektors, die in einem Nebeneinander staatlicher und privater Akteure, der Delegation hoheitlicher Aufgaben auf nicht staatliche und privatwirtschaftliche Institutionen, aber eben auch einer Aufsplitterung staatlicher Kompetenzen in einer föderalen Ordnung besteht. Es ist die Parallelität unterschiedlicher Zuständigkeiten und Rahmenbedingungen, Rechtskreise und Interessen, in der sich die staatliche Steuerung vollzieht.

Die Heterogenität der Weiterbildungslandschaft spiegelt sich in einer Weiterbildungspolitik wider, die ihrerseits nicht strategische Ziele definiert und kohärente Entwicklungspfade vorgibt, sondern sich in vielfacher Hinsicht zerklüftet darstellt. Das beruht im Wesentlichen nicht auf unvermeidlichen Konsequenzen des Bildungsföderalismus oder der Ausdifferenzierung der Zuständigkeiten auf Bundesebene, sondern auch innerhalb des Bundesministeriums für Bildung und Forschung auf einer Aufgliederung von Programmen und Projekten nach Zielgruppen (Migranten, An- und Ungelernte, Begabte, Ältere, Analphabeten), nach Lernformen (Lernen mit Neuen Medien, informelles Lernen), nach Finanzierungsformen (Bildungsprämie, Aufstiegsstipendien, Meister-BAföG), nach institutionellen Adressaten (Kommunen, Hochschulen, Kammern) und nach Forschungsaffinität. Dadurch büßen bildungspolitische Interventionen in das Weiterbildungsgeschehen an Nachhaltigkeit ein: Sie sind zu wenig koordiniert, in zu geringem Maße an generellen bildungspolitischen Linien orientiert und jeweils für sich auch oft zu marginal, um dauerhaft Wirkung zu entfalten.

Überlagert wird das Phänomen der zersplitterten Zuständigkeiten durch einen mindestens partiellen Rückzug des Staates aus der Weiterbildung. So ist der Anteil der Bundesländer an der Finanzierung der Weiterbildung seit Jahren tendenziell rückläufig. Dies hat konkret zu einer verringerten Beschäftigung hauptamtlichen Personals und einer Erhöhung von Teilnehmerentgelten geführt (Dohmen 2005, 33). Träger der Erwachsenenbildung, allen voran die Volkshochschulen, haben dies zu kompensieren versucht, indem sie andere Dienstleistungen entwickelt und auf diese Weise auch andere Finanzierungsquellen erschlossen haben. Ebenfalls tendenziell rückläufig war in den vergangenen Jahren auch der Beitrag der Bundesagentur für Arbeit zur Finanzierung der Weiterbildung. Dies ist zwar zu einem guten Teil der rückläufigen Arbeitslosigkeit und somit einem geringeren Bedarf an Qualifizierungsmaßnahmen in diesem Bereich geschuldet. Der Rückgang hätte jedoch auch als Chance begriffen werden können, sich verstärkt denen zuzuwenden, die von Langzeitarbeitslosigkeit betroffen sind oder die aufgrund eines fehlenden Berufsabschlusses geringere Chancen auf dem Arbeitsmarkt haben.

1.3.5 Begrenzte Nachhaltigkeit weiterbildungspolitischer Initiativen

Das Problem der aktuellen Situation liegt weniger darin, dass es im letzten Jahrzehnt keine weiterbildungspolitischen Programme oder Initiativen gegeben hätte, als vielmehr in deren begrenzter Nachhaltigkeit: Das zentrale Instrument bildungs- und arbeitsmarktpolitischer Initiativen ist die Förderung von beruflicher Weiterbildung. Beispielhaft seien genannt die Förderprogramme zur systematischen Personalentwicklung, die Einführung von „Bildungsschecks" in einigen Bundesländern, Individualförderungen für Berufstätige in Form der Bildungsprämie, des Meister-BAföG, der Begabtenförderung sowie von Aufstiegsstipendien. Hinzu kommen die Initiative „weiter bilden" des BMAS und Maßnahmeförderungen der Bundesagentur für Arbeit für besondere Zielgruppen wie Quali-KUG und WeGebAU. Im Umfeld dieser Förderprogramme wurde das Weiterbildungmarketing von Bund, Ländern und Kommunen intensiviert, und es wurden Strukturen zur Qualifizierungsberatung von Unternehmen initiiert (Loebe/Severing 2008; Döring/Oelker 2010; Döring u. a. 2011). Daneben treten punktuelle Vereinbarungen der Sozialpartner zur Regelung des betrieblichen Weiterbildungsgeschehens in Form von Qualifizierungstarifverträgen und Sozialpartnervereinbarungen sowie durch Betriebsvereinbarungen der betrieblichen Akteure (Bahnmüller 2011).

Trotz dieser Interventionen mit dem Ziel einer Erhöhung der Beteiligung an beruflicher Weiterbildung ist es der Bildungspolitik in den vergangenen Jahren schwergefallen, nachhaltige Wirkung zu erzielen. Obwohl als Erfolg des Weiterbildungsmarketings gelten kann, dass die Bedeutung der betrieblichen Weiterbildung zur Sicherung der Fachkräftebasis in den Unternehmen inzwischen höher eingeschätzt wird als die externer Rekrutierung und Erstausbildung (Schwarz/Lambertz 2011), obwohl aktuelle Programme der Bundesagentur für Arbeit die betriebliche Weiterbildung vor allem der bisher Niedrigqualifizierten fördern (BA 2011, 15; Lott/ Spitznagel 2010; Jelich 2009) und obwohl Qualifizierungsberatungsstellen für Unternehmen initiiert worden sind, hat sich die tatsächliche Weiterbildungsbeteiligung von Unternehmen und Individuen zu Beginn des Jahrtausends kaum verändert (Bellmann/Leber 2010, 16 f.; BIBB 2010, 281 ff.; Autorengruppe Bildungsberichterstattung 2008, 138; dies. 2010, 16 f.). Auch der Anteil der an Weiterbildung beteiligten Beschäftigten verweilt unter dem Stand von 1999 (Bogedan 2010, 316; Autorengruppe 2008, 138 f.). Selbst die Aufwendungen der weiterbildungsaktiven Betriebe liegen inflationsbereinigt unter dem Niveau von 1992 (Werner/Seyda 2012, 51).

Die Ursachen für die eher begrenzte Reichweite weiterbildungspolitischer Aktivitäten und die Stagnation in der Weiterbildungsbeteiligung sind vielfältig. Sie liegen zunächst sicherlich in der institutionellen Heterogenität der Angebotslandschaft in der Weiterbildung, die ein einheitliches öffentlichkeitswirksames Bild von Bedeutung und Nutzen von Weiterbildung verhindert, das etwa vergleichbar mit dem eines wissenschaftlichen Studiums oder einer dualen Ausbildung wäre. Dies aber ist nur eine Ursachendimension. Eine andere Ursache mag darin liegen, dass der größte Bereich der Weiterbildung, die berufliche Weiterbildung von Unternehmen, in die einzelbetrieblichen ökonomischen Ressourcen und Kalküle eingebunden ist.

Die häufig unbefriedigende Nachhaltigkeit ist nicht zuletzt eine Folge der vorherrschenden Projektförderung. Mit anderen Worten: Es fehlt an Strukturen, die gewährleisten, dass die angestoßenen und geförderten Innovationen von den Projektnehmern weitergeführt werden, wenn die öffentliche Förderung ausläuft. Wenn man die Weiterbildungsbeteiligung nachhaltig steigern will – und dies ist nicht nur ein politisches Ziel, sondern im Hinblick auf die demografische Entwicklung auch zwingend notwendig –, dann muss neben die Projektförderung eine Politik treten, die Standards setzt, Strukturen schafft und eben auch regulierend eingreift. Eine staatliche Förderung kann dabei in der Regel nur einen Anstoß geben, der ergänzt und fortgeführt werden muss durch private Initiativen sowie eigene Mittel der Akteure und Teilnehmenden.

Der Bildungsurlaub, einstmals mit großen Erwartungen verbunden, später dann durch gerichtliche Auseinandersetzungen behindert und infrage gestellt, stagniert in allen Bundesländern, die dafür eine gesetzliche Grundlage geschaffen haben. Die Teilnehmerzahlen, sofern sie überhaupt noch erhoben und veröffentlicht werden, liegen in einer Größenordnung von lediglich einem Prozent der jeweils Anspruchsberechtigten. Es darf, obwohl es dazu keine Erhebungen gibt, vermutet werden, dass damit, wie in der Weiterbildung generell, eher bildungsaffine Bevölkerungsgruppen erreicht werden und die einst angestrebte Kompensation von Bildungsbenachteiligungen nicht erfolgt.

Ein besonderes Kapitel bildet die Weiterbildung im Bereich der Arbeitsmarktpolitik. Sie ist gekennzeichnet durch einen permanenten Wechsel expansiver und kontraktiver Phasen, einen häufigen Wechsel der Strategien und Förderinstrumente.

Es ist zugleich ein Bereich, dem für den Aufbau von Strukturen eine erhebliche Bedeutung zukommt. Weil hier Langzeit- und Vollzeitmaßnahmen gefördert werden, die für die Auslastung von Kapazitäten vielfach entscheidend sind, kommt der Förderpolitik der Bundesagentur eine erhebliche Bedeutung für die wirtschaftliche Lage der Bildungsanbieter und ihrer Beschäftigten zu. Das Paradoxon der Förderpolitik besteht darin, dass auf der einen Seite hohe Anforderungen und Qualitätsmaßstäbe formuliert werden, gleichzeitig jedoch die ständigen Politikwechsel sowie der Wettbewerbsdruck durch Ausschreibungen dafür sorgen, dass keine kontinuierlichen, für die Sicherung der Qualität erforderlichen Strukturen aufgebaut werden können.

Hinzu kommt, dass die in diesem System vermittelten Qualifikationen weitgehend von den formalen Abschlüssen des beruflichen Bildungssystems abgekoppelt sind. Anerkannte Abschlüsse werden im Wesentlichen nur im Rahmen der Umschulung gefördert. Fortbildungsabschlüsse basieren hingegen auf Abschlüssen und Zertifikaten der einzelnen Maßnahmenträger. Sie sind im Beschäftigungssystem häufig kaum bekannt und in ihrer Wertigkeit schwer einzuschätzen. Die insgesamt eher enttäuschenden Ergebnisse bei der Integration von Teilnehmenden an Fortbildungsmaßnahmen, die über das SGB gefördert wurden, in den ersten Arbeitsmarkt können daher nicht überraschen. Auch wenn dafür eine Reihe von Faktoren verantwortlich sind, verweist dies auf eine mangelhafte Abstimmung zwischen beiden Systemen.

2. Inhaltliche und strukturelle Herausforderungen für die Weiterbildungsforschung und -politik

2.1 Inhaltliche Herausforderungen: Fachkräftesicherung im demografischen Wandel

Die inhaltlichen Herausforderungen, die sich für die sehr ausdifferenzierte berufliche Weiterbildungslandschaft in Deutschland stellen, auf die Fachkräftesicherung im demografischen Wandel zu beziehen, bedeutet keine Engführung des Themas. In der Expertise wird vielmehr die aktuelle Debatte über die Fachkräftesicherung als Angelpunkt genommen, um die inhaltlichen Probleme der beruflichen Weiterbildung insgesamt zu erörtern. Dies ist deswegen möglich, weil der demografische Wandel in die wirtschaftliche und soziale Entwicklung eingebettet ist und davon ausgegangen werden kann, dass in der demografischen Perspektive der Blick für Potenziale und Schwächen des Weiterbildungsbereichs besser geschärft werden kann, als es bei entspannten Arbeitsmärkten die Regel sein mag.

2.1.1 Arbeitskräfte- und Qualifikationsentwicklung in den nächsten Jahrzehnten

Die demografische Entwicklung, die sich vor allem in einer steigenden Lebenserwartung, einer langfristig abnehmenden Zahl von Geburten und einer moderaten Zuwanderung äußert, wird ceteris paribus in den nächsten beiden Jahrzehnten zu einem abnehmenden Angebot an inländischen Arbeitskräften führen. Allein bis 2025 wird die Zahl der unter 30-Jährigen nach der 12. koordinierten Bevölkerungsvorausrechnung um ca. 4,2 Mio. Personen oder 16 Prozent gegenüber 2008 zurückgehen (Autorengruppe Bildungsberichterstattung 2010, 19), was sich auf das Arbeitskräftepotenzial auswirken muss. Möglichen Arbeitskräfteengpässen kann durch gezielte arbeitsmarkt- sowie berufs- und weiterbildungspolitische Initiativen entgegengewirkt werden. Einen ersten Einblick in die Größenordnung der zu bewältigenden Arbeits- und Fachkräfteengpässe geben die Befunde der „BIBB-IAB-Qualifikations- und Berufsfeldprojektionen bis zum Jahr 2030" (Helmrich et al. 2012).

Bis etwa 2020 liegt das Potenzial an Erwerbspersonen in der Projektion der gesamtwirtschaftlichen Arbeitsmarktentwicklung noch deutlich über der Nachfrage, ab dann verengt sich die Differenz durch ein stärkeres Fallen der Kurve der Erwerbspersonen gegenüber der Nachfragekurve (Helmrich et al. 2012, 3 f.). Da in das Potenzial an Erwerbspersonen alle Erwerbslosen (nach ILO-Definition) eingehen, dürfte das real verfügbare Erwerbspozential etwas unter der in der Projektion angegebenen Größenordnung liegen. Denn es ist nicht anzunehmen, dass alle Arbeitslosen in den Arbeitsmarkt integriert werden können, sodass Engpässe etwas früher zu erwarten sind. Was sich im Gesamtaggregat für das nächste Jahrzehnt noch als relativ entspannt ausnimmt, kann in spezifischen Berufsfeldern und/oder Regionen durchaus bereits in absehbarer Zeit Engpässe aufwerfen. Die Botschaft, dass starke Engpässe erst etwas später als bisher angenommen zu erwarten sind, eröffnet der Politik bessere Handlungsspielräume, entlastet sie aber nicht prinzipiell davon, mittelfristige Vorsorge für die Fachkräftesicherung zu betreiben.

Arbeitskräftebedarf (Erwerbstätige) und -angebot (Erwerbspersonen) entwickeln sich der BIBB-IAB-Projektion zufolge etwas anders, als dies aufgrund der bisherigen Einschätzungen und Debatten zum Fachkräftebedarf, namentlich im internationalen Bereich, zu erwarten war (siehe Abb. 1). Diese sahen bisher den entscheidenden erwartbaren Engpass bei den Hochqualifizierten, für die Deutschland durch energischen Ausbau der Studienkapazitäten ein höheres Angebot schaffen sollte. Die hier herangezogene Projektion zeichnet ein differenzierteres Bild: Auf Basis der aktuellen Daten sind vorerst am ehesten Fachkräfteengpässe bei den beiden höchsten Qualifikationsgruppen, denen mit Hoch- und Fachhochschulabschluss (ISCED 5a und 6) und denen mit Fachschul- oder vergleichbarem Abschluss (ISCED 5b), zu erwarten; der eng parallele Verlauf von Angebots- und Nachfragekurve in den kommenden Jahren drückt das aus.

Perspektivisch könnte sich die Engpasssituation bei den Hochqualifizierten aufgrund des starken Zustroms zu den Hochschulen in den letzten Jahren eher entspannen, während sie sich bei dem Segment mit Fachschulabschluss und vor allem im mittleren Fachkräftesektor der Beschäftigten mit einen qualifizierten Berufsabschluss verschärfen könnte. Dort ist in den 2020er-Jahren verstärkt mit Engpässen zu rechnen (vgl. Helmrich/Zika u. a. 2012). Der traditionellen deutschen Beschäftigtenstruktur folgend, wird dieses Qualifikationssegment mit gut der Hälfte der Erwerbstätigen auch bis 2030 der größte Erwerbstätigensektor bleiben. Für dieses Beschäftigtensegment gilt stärker als für die beiden höheren Qualifikationssegmente, dass man den Kurvenverlauf des Arbeitskräfteangebots, mit Blick auf seine reale Verfügbarkeit, etwas nach unten korrigieren muss, da in die Zahl der Erwerbspersonen alle Arbeitslosen mit einfließen, die vermutlich nicht in voller Größenordnung für eine Erwerbstätigkeit aktiviert werden können. Ein deutliches Überangebot sieht die Projektion bei den Geringqualifizierten, bei denen sich die Schere zwischen Angebot und Nachfrage zuungunsten des Angebots perspektivisch öffnet.

Man kann an dieser Stelle eine erste Folgerung für die Fachkräftesicherung ziehen: Eine einseitige Ausrichtung von politischen Interventionen auf den Ausbau des Angebots an Hochqualifizierten würde die erwartbaren Engpassprobleme nicht lösen können. Offensichtlich haben sich durch Anhebung der Studierendenzahlen die Gewichte verschoben, und es entstehen Fachkräfteengpässe bei allen Qualifikationssegmenten oberhalb der Stufe der Geringqualifizierten (ISCED 1, 2, 3a). Mögliche Engpässe betreffen dabei nie das Gesamtaggregat der jeweiligen Qualifikationsgruppe, sondern immer bestimmte Berufssegmente, auf die im Folgenden eingegangen wird.

Abbildung 1: Arbeitsmarktbilanz (Arbeitskräftebedarf und -angebot) für die vier Hauptqualifikationsgruppen 2005 bis 2030

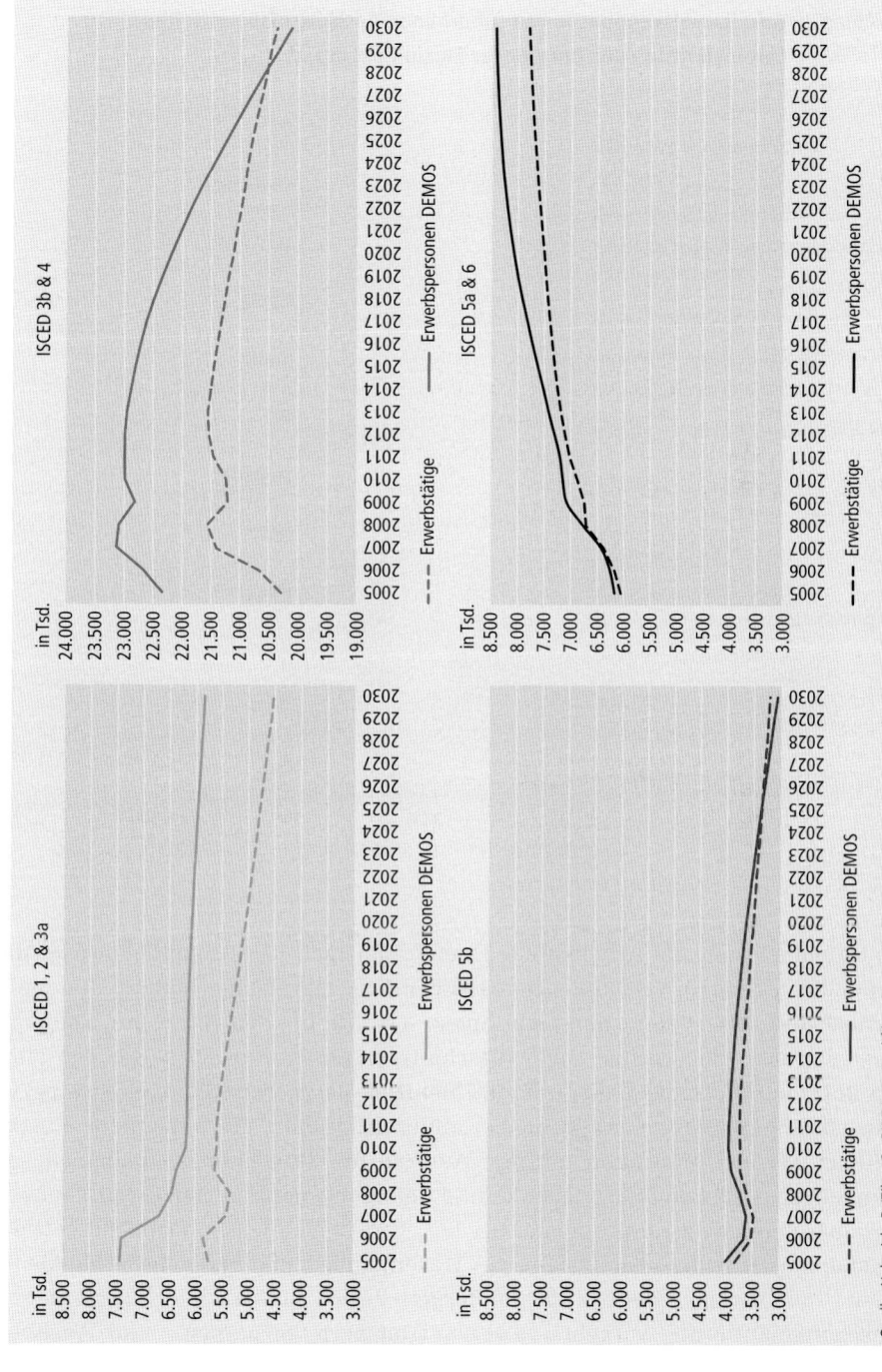

Quelle: Helmrich, R./Zika, G., BIBB/IAB-Qualifikations- und Berufsfeldprojektionen – 2. Welle – Projektion bis 2030, QUBE (Qualifikation und Beruf in der Zukunft), eigene Darstellung

Abbildung 2: **Arbeitskräfteengpässe und -überhänge nach Berufshauptfeldern
(Arbeitskräfte nach beruflicher Flexibilität in Tsd.)**

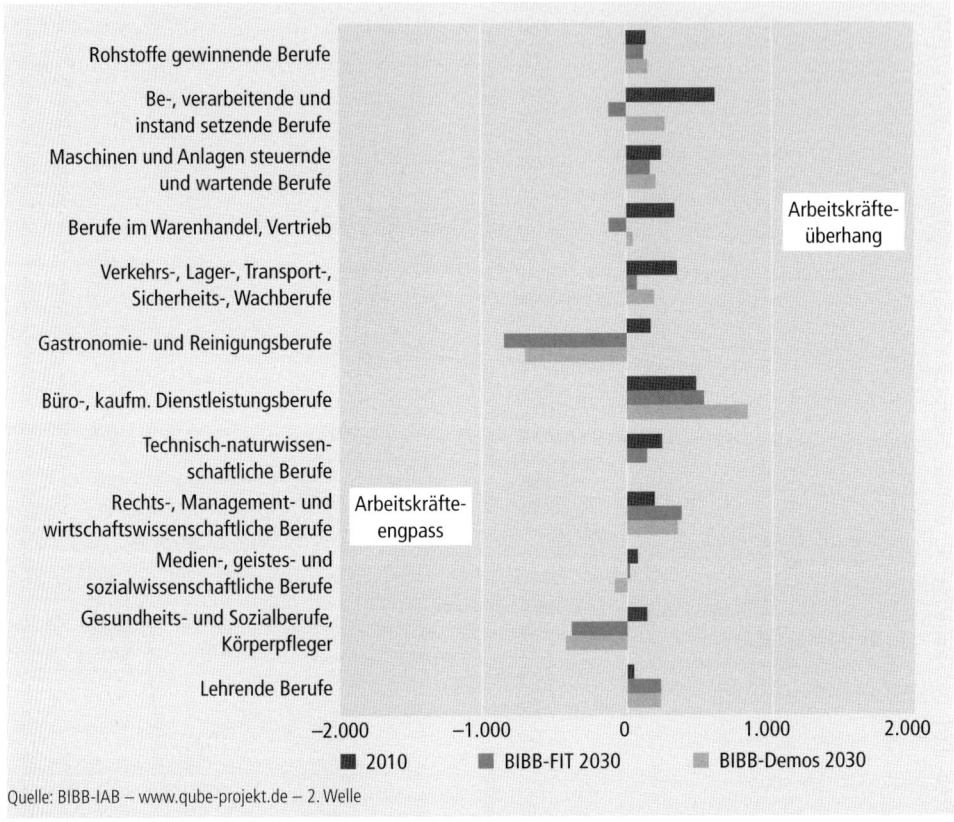

Quelle: BIBB-IAB – www.qube-projekt.de – 2. Welle

Die Differenzierung der Arbeitskräfte (Nachfrage) nach Berufshauptfeldern in Abb. 2 verdeutlicht, dass im Verhältnis zu 2010 der Arbeitskräfteüberhang in den meisten Berufsfeldern bis 2030 zusammenschmilzt – außer bei den Büro- und kaufmännischen Berufen, den rechts- und wirtschaftswissenschaftlichen sowie den lehrenden Berufen. Allerdings bleiben in der Mehrheit der Berufsfelder noch respektable Arbeitskräfteüberhänge, während bei anderen im Jahr 2030 deutliche Engpässe sichtbar werden. Man kann mit den Autoren der Projektion festhalten, dass die Hauptengpässe bei den Gastronomie- und Reinigungsberufen, den Gesundheits- und Sozialberufen sowie Körperpflege, bei be-, verarbeitenden und instand setzenden (Produktions-)Berufen, bei Berufen des Warenhandels und Vertriebs sowie Medien-, Geistes- und sozialwissenschaftlichen Berufen liegen. Aber auch technisch-naturwissenschaftliche Berufe, Verkehrs-, Lager-, Transport-, Sicherheits- und Wachberufe können in angespannte Arbeitsmarktsituationen geraten (Helmrich et al. 2012) – vor allem in Regionen mit dynamischem Wachstum und/oder ungünstigen demografischen Konstellationen.

Das Berufsspektrum mit möglichen Engpassproblemen in der Arbeitskräfteversorgung ist so breit, dass man Weiterbildungs- und Qualifizierungsstrategien nicht auf enge Spezialqualifikationen auslegen muss – jedenfalls nicht als Hauptsuchstrategie. Nur in Einzelfällen erscheint diese Strategie als sinnvoll. Auffällig ist, dass außerhalb der industriellen Herstellungs- sowie der Verkehrs-, Lager- und Sicherheitsberufe besonders viele Berufsfelder, die traditionell oft schwerpunktmäßig Frauen zugewiesen sind, als besondere Engpässe auf dem Arbeitsmarkt identifiziert werden. Qualifizierungs- und Weiterbildungsstrategien haben es damit nicht nur mit beruflichen Inhalten, sondern auch mit Geschlechterstereotypen bei beruflichen Orientierungen zu tun.

Es wäre verkürzt, die Fachkräftesicherung im demografischen Wandel nur auf die quantitativen Aspekte der Erwerbstätigkeit zu konzentrieren. Da die demografische Entwicklung in die großen Trends der sozioökonomischen Entwicklung wie beispielsweise den sektoralen Strukturwandel, die zunehmende Wissensbasierung von Arbeit und Wirtschaft sowie die verstärkte Internationalisierung von Wertschöpfungsketten und Arbeitsmärkten eingebettet ist, bleibt es die vordringliche Perspektive, die allgemeinen Formen beruflicher Weiterbildung in und außerhalb von Unternehmen so zu gestalten und auszubauen, dass die Beschäftigten die sozioökonomischen Wandlungstendenzen aktiv mitvollziehen können. Aus der Einbettung in die großen sozioökonomischen Entwicklungstrends lassen sich eine Reihe qualitativer Erfordernisse begründen, an denen keine zukunftsgerichtete politische Weiterbildungsstrategie vorbeigehen sollte:

- Die zunehmende Wissensintensität (upskilling) der Arbeit betrifft alle Qualifikationsniveaus der Erwerbsarbeit. Auch bei „Einfacharbeitsplätzen" sind heute Problemlösungskompetenz, Prozess- und Produktwissen, kommunikative Fähigkeiten im Umgang mit Kunden und Kooperationspartnern sowie umweltbewusstes Handeln unerlässlich. Dies bei formalisierten wie informellen Weiterbildungsaktivitäten nicht zu beachten beinhaltet das Risiko, auf allen Qualifikationsstufen Produktivitäts- und Arbeitskrafteinbußen zu erleiden.
- Die mit beschleunigter Innovationsdynamik und verstärktem Strukturwandel einhergehende Unsicherheit über Arbeitsmarkt- und Qualifikationsentwicklung verlangt den Erwerbstätigen ein hohes Maß an Kompetenz zum Umgang mit Unsicherheit und zu selbstständiger Planung und Organisation der Erwerbsbiografie ab. Erhöhung und Sicherung individueller beruflicher Flexibilität bleiben ein wichtiger Bezugspunkt für die Weiterbildung.
- Die voranschreitende Internationalisierung/Globalisierung von Wertschöpfungsketten und Arbeitsmärkten führt zu einem Anstieg von Anforderungen an die

berufliche und räumliche Mobilität. Auch solche Anforderungen, die nicht allein die Dispositionen und Qualifikationen der Arbeit, sondern den ganzen Lebensstil und biografischen Entwurf betreffen, gelten bereits heute und in Zukunft noch mehr für alle Beschäftigtengruppen, vor allem für diejenigen mit Fach- und Hochschulqualifikationen.

Fachkräftesicherung lässt sich auf unterschiedlichen Wegen erreichen. Unterschiedliche Wege sind als strategische Optionen gegenwärtig in der Diskussion:

- Ein erster und am stärksten in den arbeitsmarktpolitischen Debatten erörterter Weg besteht darin, die endogenen Potenziale durch Qualifizierung und Weiterbildung zu aktivieren und gezielte Zuwanderung zu initiieren. Diesen Weg konsequent umzusetzen würde das gesellschaftliche Beschäftigungsvolumen steigern und hätte positive Auswirkungen auf die Wohlstandsentwicklung und soziale Teilhabe. Dazu müssten die Potenziale der sogenannten „stillen Reserve" besser erschlossen und die Erwerbsbeteiligung beispielsweise von Frauen, Älteren und Menschen mit Migrationshintergrund wirksam gesteigert werden.

- Eine weitere Möglichkeit besteht in einer Verlängerung der Lebensarbeitszeit, vor allem durch einen späteren Übertritt in den Ruhestand. Da die früher bestehenden Vorruhestandsregelungen inzwischen weitgehend weggefallen sind, erfolgt der Übergang heute deutlich später als noch zu Beginn des Jahrhunderts. Zugleich signalisiert das Durchschnittsalter des Übergangs in den Ruhestand, das im Fall von Altersrenten bei rund 63 Jahren liegt (DRV 2012), noch ein erhebliches, für die Erwerbstätigkeit zu mobilisierendes Erwerbspersonenpotenzial. Um dies zu erschließen, bedarf es vor allem einer rechtzeitigen gesundheitlichen Förderung sowie einer gesundheits- und lernförderlichen Arbeitsgestaltung. Auch die Vermeidung von unnötigen Warteschleifen, etwa im Übergangsbereich, oder eine bessere Anerkennung und Anrechnung von Lernleistungen könnten dazu beitragen, Lernzeiten effizienter zu nutzen.

- Chancen, den ungedeckten Fachkräftebedarf zu begrenzen, bieten sich durch eine bessere Nutzung der vorhandenen Qualifikationen im Rahmen der betrieblichen Personalpolitik und Organisationsentwicklung. Denn vielfach sind beruflich qualifizierte Fachkräfte nicht an Arbeitsplätzen tätig, für die eine abgeschlossene Ausbildung zwingend wäre. Sie arbeiten oftmals an Einfacharbeitsplätzen oder sind mit Routineaufgaben beschäftigt. Das Gleiche gilt für Meister/-innen und Techniker/-innen, die lediglich Facharbeitertätigkeiten ausüben. Der absehbare Mangel in den MINT-Qualifikationen könnte, zumindest partiell, durch qualifikationsadäquate Tätigkeiten dieser Beschäftigten gemildert werden.

- Schließlich könnte eine wirksame Strategie auch in einer (Höher-)Qualifizierung der vorhandenen Belegschaften bestehen, um auf diese Weise Produktivitätsgewinne zu erzielen. Bis zu einem gewissen Grad geschieht das in Unternehmen permanent im Zusammenhang mit Innovationen. Wie viel Spielräume dazu über das bereits in die Fachkräfteprojektionen eingegangene Maß hinaus existieren, ist unklar. Auf jeden Fall würde es jene bereits erwähnte Intensivierung von Qualifizierung und Weiterbildung in und außerhalb von Unternehmen erforderlich machen. Ebenso bedürfte es einer konsequenten Politik zur Förderung einer lernförderlichen Arbeitsorganisation in den Betrieben.

- Schließlich könnten Unternehmen, um den Fachkräftebedarf am Standort Deutschland zu begrenzen, qualifizierte und hoch qualifizierte Arbeit in andere Länder auslagern. Damit würden Prozesse, die heute im Zuge globaler Vernetzung von Wertschöpfungsketten ohnehin geschehen und auch der Sicherung der Exportposition der deutschen Wirtschaft dienen, sich noch verstärken. Dies wäre vermutlich mit Unsicherheiten und Reibungsverlusten verbunden; es könnte zugleich auch mit Wohlstandseinbußen hierzulande einhergehen, da (hoch) qualifizierte Arbeit in der Regel mit höherer Produktivität und besserem Einkommen verbunden ist; insofern ist eine solche Strategie, gesellschaftlich gesehen, ambivalent, auch wenn sie sich bei Spezialqualifikationen bisweilen anbieten mag.

Bei allen diesen Optionen spielt Weiterbildung eine wichtige Rolle – zumindest als flankierendes Instrument. Da quantitativ die Aktivierung endogener Potenziale und gezielte Zuwanderung das größte Gewicht für die Fachkräftesicherung haben dürften, konzentrieren sich die weiteren Ausführungen auf dieses Handlungsfeld.

Die Arbeitskräfteprojektion hatte gezeigt, dass ein Fachkräftemangel auf allen Qualifikationsstufen oberhalb der Niedrigqualifizierten auf mittlere Sicht zu erwarten ist, sodass Aktivierungsstrategien auf allen Ebenen ansetzen müssen – auch auf der untersten Qualifikationsstufe. Dementsprechend lassen sich folgende fünf Perspektiven für die berufliche Weiterbildungspolitik unterscheiden: (1) Qualifizierung und Nachqualifizierung von Geringqualifizierten bzw. der Population ohne Ausbildungsabschluss; (2) Qualifizierung und Nachqualifizierung von Zuwanderern und Zugewanderten; (3) Bessere Integration in berufliche Aus und Weiterbildung von anderen heute unterrepräsentierten Bevölkerungsgruppen; (4) Verbesserung der Durchlässigkeit; (5) Weiterbildung von Hochqualifizierten und Wissenstransfer.

2.1.2 Qualifizierung und Nachqualifizierung von Geringqualifizierten

Ausschöpfung von Potenzialen

Die vergangenen Dekaden, die von geburtenstarken Jahrgängen und erheblichen Disproportionen des Ausbildungsstellenmarktes gekennzeichnet waren, haben dazu geführt, dass heute 1,5 Mio. der zwischen 20- und 29-Jährigen nicht über einen Berufsabschluss verfügen und überproportionalen Arbeitslosigkeitsrisiken ausgesetzt sind. Im Jahr 2009 lag die qualifikationsspezifische Arbeitslosenquote der Geringqualifizierten bei 22 Prozent, bei Fachkräften dagegen nur bei 6 Prozent. Es wird erwartet, dass sich diese Unterschiede weiter verschärfen (Bundesagentur für Arbeit 2011). Fachkräfteknappheit bei einer gleichzeitig noch immer hohen Arbeitslosenquote ist ein Ergebnis dieser Entwicklungen. Einige Branchen sind von dieser Situation besonders betroffen und haben Probleme, freie Stellen zu besetzen (BMAS 2011, 25). Diesem Mismatch könnte durch eine wirksamere, nämlich stärker auf berufliche Abschlüsse hin ausgerichtete berufliche Weiterbildung entgegengetreten werden, was gegenwärtig kaum geschieht.

Der aktuelle Bildungsbericht weist einen Anteil von 18 Prozent der 30- bis unter 35-Jährigen aus, der sich weder in Ausbildung befindet noch über einen Ausbildungsabschluss verfügt (Autorengruppe Bildungsberichterstattung 2012, 237). Unter ihnen befindet sich ein beträchtlicher Teil von jungen Erwachsenen, die nicht aufgrund fehlender kognitiver Voraussetzungen, sondern aufgrund eines ungünstigen Ausbildungsmarktes in der letzten Dekade nicht in eine Ausbildung einmünden konnten oder ihre Ausbildung nicht abgeschlossen haben. Da diese jungen Erwachsenen noch eine lange Erwerbsphase vor sich haben, ist es auch volkswirtschaftlich sinnvoll, so viele von ihnen wie möglich bis zu einem Berufsabschluss zu qualifizieren. Dies gilt umso mehr, als die Weiterbildungsbeteiligung jüngerer Personen den Ergebnissen der AES-Erhebung zufolge rückläufig ist (BMBF 2011).

Ein wichtiger Aspekt der Weiterbildung Geringqualifizierter besteht darüber hinaus in der Qualifikationssicherung bei Beschäftigten in Tätigkeiten mit geringeren Anforderungen bzw. auf sogenannten „Einfacharbeitsplätzen". Entgegen früheren Erwartungen geht die quantitative Bedeutung solcher Tätigkeiten deutlich langsamer zurück und weist mit etwa 22 Prozent aller Beschäftigungsverhältnisse einen beachtlichen Umfang auf (Ittermann et al. 2011, 161). Im vorliegenden Zusammenhang bedeutsam ist, dass der allgemeine Trend zur Höherqualifizierung und der technisch-organisatorische Wandel auch in Bezug auf Einfacharbeit zu steigenden Anforderungen an die fachlichen und fachübergreifenden Kompetenzen der dort Beschäftigten führt – auch wenn diese Tätigkeiten unterhalb des Facharbeiterniveaus liegen. So steigen etwa durch neue Formen der Arbeitsorganisation die Qualifikationsanforderungen auch bei an- und ungelernten Tätigkeiten. Beispielsweise ist mit Einführung von Gruppenarbeit und Jobrotation eine eindeutige Abgrenzung zwischen Hilfstätigkeit, Anlerntätigkeit und Facharbeit häufig kaum mehr möglich, da jedes Gruppenmitglied tendenziell alle Aufgaben, die in der Gruppe zu bewältigen sind, erfüllen können muss (Dauser et al. 2012). Darüber hinaus nimmt der Anteil repetitiver Tätigkeiten im Bereich der Einfacharbeit ab, während Kooperations- und Interaktionsbestandteile zunehmen und damit die Anforderungen an sozial-kommunikative Fähigkeiten steigen. Gerade in Dienstleistungsbereichen, bei denen Kundenbeziehungen auch bei einfachen Tätigkeiten eine Rolle spielen, werden Qualifikationsmängel beklagt. Schließlich sind die Inhaber/-innen von „Einfacharbeitsplätzen" häufiger von Arbeitslosigkeit bedroht – auch weil es zunehmend zu Verdrängungseffekten „von oben" durch formal qualifizierte Beschäftigte kommt (Abel/Hirsch-Kreinsen/Ittermann 2009) –, sodass ihre Arbeitsmarktmobilität erhöht werden sollte.

Die Bildungsforschung befasst sich seit den 1990er-Jahren mit dem Thema „Nachqualifizierung". Modulare Konzepte, die eine Nachqualifizierung Schritt für Schritt erlauben, werden im laufenden Programm „JOBSTARTER CONNECT" erprobt. Mit der Förderinitiative „Abschlussorientierte modulare Nachqualifizierung" im Programm Perspektive Berufsabschluss wurde das Ziel verfolgt, in ausgewählten Regionen die Strukturen für die Etablierung von abschlussorientierter modularer Nachqualifizierung zu schaffen. An die Arbeiten dieses Programms knüpft das aktuelle Projekt „Bundesweiter Überblick über Nachqualifizierungsangebote" im Rahmen der Berufsbildungsforschungsinitiative an. Als Ergebnis dieser Projekte und Programme liegen eine Vielzahl von Konzepten und Good-Practice-Beispielen vor. Gesamtgesellschaftlich betrachtet ist Nachqualifizierung jedoch nach wie vor ein Randphänomen geblieben.

Perspektiven für die Weiterbildungspolitik

Die berufliche Weiterbildung sollte Geringqualifizierte nicht wie bisher vor allem mit kurzen Anpassungs- und Trainingsmaßnahmen versorgen, die ihren Qualifikationsstatus nicht nachhaltig verändern. Vielmehr geht es um den Ausbau und die Popularisierung berufsbezogener Weiterbildungsformate, die zu anerkannten Abschlüssen führen können. Die heute bestehenden Möglichkeiten für Nachqualifizierungen oder den Zugang zu sogenannten Externenprüfungen reichen allerdings nicht aus bzw. sind nicht ausreichend transparent, sodass sie nicht in der gebotenen Breite genutzt werden (Gutschow/Schreiber/Gei 2012). Insbesondere Erwerbstätige können Berufsabschlüsse nur selten in einem Zug nachholen. Sie sind auf die Akkumulation von Teilqualifikationen angewiesen und sollten in Prüfungen ihr berufliches Erfahrungswissen besser einbringen können.

Eine herausgehobene Rolle spielen hier die Betriebe, die aber oft die Kosten und die Dauer solcher Qualifizierungen scheuen oder nicht über entsprechendes Personal (und entsprechende Personalentwicklungskonzepte) verfügen. Aufseiten der Geringqualifizierten finden sich wiederum verbreitet Skepsis und Zweifel bezüglich der – nicht nur monetären – Erträge beruflicher Weiterbildung bzw. Nachqualifizierung angesichts unsicherer oder oftmals gänzlich fehlender beruflicher Entwicklungsperspektiven in den Betrieben.

Angesichts dessen ist die Politik gefordert, differenzierte und erwerbsbiografisch sensible Weiterbildungsangebote und Beratungsmöglichkeiten für Geringqualifizierte zu entwickeln. Auch gilt es, die bisherigen bildungs- und arbeitsmarktpolitischen Instrumente der SGB II und III sowie die unterschiedlichen Programme (WeGebAU, Initiative zur Flankierung des Strukturwandels) auf ihre Tauglichkeit und Akzeptanz hin zu überprüfen, gegebenenfalls neu zu gestalten oder zu ergänzen. Im Einzelnen legen die vorliegenden Befunde und Experteneinschätzungen bildungspolitische Aktivitäten zu folgenden Punkten nahe:

- Es sind Konzepte zu entwickeln, damit die vorhandenen (finanziellen) Förderinstrumente für die berufsbezogene Weiterbildung Geringqualifizierter besser und gezielter genutzt werden; gegebenenfalls sind komplementär wirkende Förderinstrumente zu entwickeln.
- Berufsbezogene Teilqualifikationsmaßnahmen und modulare Nachqualifizierungen in der geförderten Weiterbildung, die zugleich Anschlussperspektiven für Berufsabschlüsse eröffnen, sind gezielt auszubauen.
- Die Förderpolitik ist im Hinblick auf eine Konzentration auf berufsbezogene Weiterbildungsangebote für Niedrigqualifizierte sowie die Überprüfung bestehender und gegebenenfalls eine Neuauflage eigener Förderinstrumente neu zu justieren.
- Notwendig wäre der Ausbau von (regionalen) Beratungs- und Unterstützungsangeboten für Geringqualifizierte und Betriebe, um ihnen den Zugang zur Nachqualifizierung zu ermöglichen.
- Die Transparenz über die Voraussetzungen für eine Zulassung zur Externenprüfung ist zu verbessern. Dies schließt auch eine Überprüfung der Angemessenheit der Voraussetzungen für den Zugang zur Externenprüfung ein.
- Es sind Anreize für Betriebe zu entwickeln, um die Nachqualifizierung zu einer gangbaren und attraktiven Möglichkeit zur Deckung des Fachkräftebedarfs zu machen.
- Flankierend sind Initiativen zum Marketing der Weiterbildung und Personalentwicklung für Geringqualifizierte bei Verbänden und Betrieben anzuregen.

Perspektiven für die Weiterbildungsforschung

Zwar befasst sich die Bildungsforschung seit den 1990er-Jahren etwas intensiver mit dem Thema „Nachqualifizierung", vor allem in Form der Entwicklung, Erprobung und Evaluation neuer Qualifizierungsmodelle. Insgesamt jedoch besteht mit Blick auf die Verbesserung der Bildungschancen Geringqualifizierter sowohl weiter gehender Forschungs- als auch stärker umsetzungsorientierter Entwicklungsbedarf.

Die Erlangung eines Berufsabschlusses stellt für Erwachsene eine besondere Herausforderung dar. Oft gilt es, Familienpflichten, Berufstätigkeit und Lernen zu vereinbaren. Viele Geringqualifizierte sind das Lernen nicht mehr gewohnt und haben negative Lernerfahrungen. Der Bedarfs- und Motivationslage von An- und Ungelernten ist in der Vergangenheit zu wenig Aufmerksamkeit gewidmet worden.

Da Betriebe und freie Träger die wichtigsten Organisationen für Weiterbildung und Nachqualifizierung darstellen, sind deren Problemlagen mit der Qualifizierung dieser Gruppe ergänzend zu klären.

Die Bildungspolitik sollte daher Vorhaben der Weiterbildungsforschung initiieren und unterstützen, die sich den folgenden Themen annehmen:

- Nötig ist eine genauere Analyse der Motivationslagen und Teilnahmerestriktionen von Geringqualifizierten, um bestehende Barrieren besser einschätzen und bewältigen zu können.
- Den Unterstützungsbedarf (im Sinne von nachqualifizierungsbegleitenden Hilfen), der gedeckt werden muss, damit Geringqualifizierte eine Nachqualifizierung erfolgreich absolvieren können, gilt es zu analysieren.
- Es sind Weiterbildungsformate und didaktische Konzepte im Zusammenwirken mit Betrieben und Weiterbildungsträgern zu entwickeln, mit denen die Mobilisierung und arbeitsplatznahe Qualifizierung von Geringqualifizierten besser gelingen kann.
- Notwendig wäre die Entwicklung und Etablierung spezifischer Kompetenzfeststellungsverfahren für die Nachqualifizierung, um vorhandene Kompetenzen berücksichtigen zu können und Doppelqualifizierungen zu vermeiden.
- Laufende und jüngst abgeschlossene Programme zur beruflichen Weiterbildung von Geringqualifizierten (Quali-KUG, WeGebAU, IFlaS, „Perspektive Berufsabschluss" – Nachqualifizierung) sollten vergleichend analysiert werden.
- Die Wirksamkeit von Qualifizierungstarifverträgen, die Geringqualifizierte einbeziehen, gilt es zu analysieren.

2.1.3 Qualifizierung und Nachqualifizierung von Zuwanderern und Zugewanderten

Integration von Menschen mit Migrationshintergrund

Die zunehmende Internationalisierung der deutschen Arbeitsmärkte und die demografisch bedingte Schrumpfung und Alterung der Bevölkerung in Deutschland haben die Diskussion über Zuwanderung und Zuwanderungspolitik sowie die gesellschaftliche Inklusion von Menschen mit Migrationshintergrund in den letzten Jahren verstärkt. Nach der Definition der amtlichen Statistik zählen zu dieser Bevölkerungsgruppe „alle nach 1949 auf das heutige Gebiet der Bundesrepublik Deutschland

Zugewanderten sowie alle in Deutschland geborenen Ausländer und alle in Deutschland als Deutsche Geborenen mit zumindest einem zugewanderten oder als Ausländer in Deutschland geborenen Elternteil" (Destatis 2011a, 5; im Orig. kursiv). Gegenwärtig besitzen etwa 15,7 Mio. Personen bzw. knapp ein Fünftel (19,3 Prozent) der in Deutschland lebenden Bevölkerung einen Migrationshintergrund (Destatis 2011b). Bei der für das Bildungssystem besonders relevanten Altersgruppe der unter 25-Jährigen haben in den westlichen Bundesländern im Durchschnitt 30 Prozent einen Migrationshintergrund, in manchen Ballungszentren steigt dieser Anteil auf bis zu 50 Prozent, teilweise geht er darüber hinaus (Autorengruppe Bildungsberichterstattung 2008, 19). Aktuelle Prognosen gehen davon aus, dass sich der Anteil dieser Personengruppe in Deutschland in Zukunft weiter erhöhen wird, auch wenn man ohne Berücksichtigung weiteren Zuzugs nur die demografische Entwicklung in Rechnung stellt (SVR 2010, 1; Destatis 2011a, 7).

Die Integration von Personen mit Migrationshintergrund in das bundesdeutsche Arbeitsmarkt- und Bildungssystem ist begrenzt und weicht – cum grano salis – nach wie vor deutlich von der von Personen ohne Migrationshintergrund ab (Destatis 2011b; Knuth/Brussig 2010, 27). Überdurchschnittlich viele Migrantinnen und Migranten (15,3 Prozent) besitzen keinen allgemeinbildenden Schulabschluss, unter autochthonen Deutschen sind dies lediglich 2,0 Prozent (Destatis 2011a, 148–156). Auch der Anteil von Migranten und Migrantinnen zwischen 25 und 65 Jahren ohne berufsqualifizierenden Abschluss liegt mit knapp 40 Prozent deutlich über der Quote von Personen dieser Altersgruppe ohne Migrationshintergrund (11,5 Prozent; vgl. Destatis 2011a, 168–171). Jugendlichen mit Migrationshintergrund gelingt es deutlich seltener, einen Ausbildungsplatz zu erlangen und eine Berufsausbildung abzuschließen als Jugendlichen ohne Migrationshintergrund (vgl. etwa Beicht 2011, 16 f.; Boos-Nünning 2006; Ulrich/Granato 2006) – bei den Neuzugängen zur beruflichen Ausbildung münden mehr als die Hälfte (51 Prozent) aller Jugendlichen mit ausländischem Pass in das Übergangssystem ein, Jugendliche mit deutscher Staatsangehörigkeit tun dies „nur" zu 29 Prozent (Autorengruppe Bildungsberichterstattung 2012, 276).

Allerdings zeigen die wenigen belastbaren Studien insbesondere zur kulturellen Integration und zur Bildungsintegration, dass das Merkmal „Migrationshintergrund" angesichts der Heterogenität dieser Personengruppe erhebliche Unschärfen aufweist, die auch für die (Weiter-)Bildungspolitik von Bedeutung sein können. So zeigen sich auffällige Differenzierungen im Zugang zum Arbeitsmarkt und im erfolgreichen Durchlaufen der Bildungsinstitutionen nach dem Typus von Migration, dem Migrationsstatus und dem sozioökonomischen, kulturellen und ethnischen Hintergrund der Zugewanderten. So sind etwa Migrantinnen und Migranten mit deutscher Staatsangehörigkeit vergleichsweise am besten in den Arbeitsmarkt integriert, während die Erwerbslosigkeit bei Migrantinnen und Migranten ohne deutsche Staatsangehörigkeit deutlich darüber liegt. Auch im Hinblick auf die Integration von Migranten in einzelne Bildungsbereiche werden Unterschiede deutlich, die sich auf heterogene „Migrationsprofile" und sozialstrukturelle Benachteiligungen im Bildungsverlauf zurückführen lassen (vgl. Boos-Nünning 2006; Granato/Münk/Weiß 2011; Konsortium Bildungsberichterstattung 2006, 142 ff.; Öztürk 2009; Öztürk/Kaufmann 2009; Reddy 2010).

Auch bezogen auf die Bildungsbeteiligung kann man bisher nicht von einer gelungenen Integration sprechen, vor allem mit Blick auf Kinder von Migrantinnen und Migranten türkischer und arabischer Herkunft (Seibert 2008; Boos-Nünning 2011; Beicht 2011). Ungleiche Bildungschancen reproduzieren sich auch in der Weiterbildung, teilweise verschärfen sie sich sogar. Seit Jahren (und Jahrzehnten) ist das Niveau der Teilnahme und Teilhabe von Migrantinnen und Migranten an Weiterbildung insgesamt unterdurchschnittlich (Brüning 2006). Daten des BSW bzw. des AES zeigen, dass Migrantinnen und Migranten bei der Weiterbildungsteilnahme seit Langem unterrepräsentiert sind und die Teilnahmequote aktuell mit 12 Prozent deutlich unter derjenigen von Deutschen ohne Migrationshintergrund liegt. Dass Migrantinnen und Migranten gleichzeitig durchaus bildungsaktiv sind, wird etwa daran deutlich, dass Ausländer/-innen der zweiten Generation mit 27 Prozent dreimal so häufig an beruflicher Weiterbildung teilnehmen als solche der ersten Generation (9,5 Prozent) (Öztürk 2009; Öztürk/Kaufmann 2009). Dieser positive Effekt geht wesentlich auf das formale Qualifikationsniveau (und den Erwerbsstatus) zurück (Öztürk/Kaufmann 2009, 271): Bei gleichem Bildungsniveau erreichen Ausländer/-innen der zweiten Generation vergleichbare Teilnahmequoten wie Deutsche ohne Migrationshintergrund.

Perspektiven für die Weiterbildungspolitik

Schon allein mit Blick auf den steigenden Anteil der Personen mit Migrationshintergrund am künftigen Arbeitskräftepotenzial kommt einer stärkeren sozialen, Bildungs- und Arbeitsmarktbeteiligung von Migrantinnen und Migranten strategisches Gewicht für Sicherung und Weiterentwicklung des Fachkräftepotenzials zu. Sowohl für eine intensivere Aktivierung der Zugewanderten wie für eine Arbeitsmarktstrategie verstärkter Zuwanderung besitzt berufliche Weiterbildung eine Schlüsselrolle.

Auch hier geht es nicht so sehr um Ausweitung der Weiterbildungsangebote, an denen schon in der Vergangenheit Erwerbspersonen mit Migrationshintergrund nur stark unterproportional teilgenommen hatten. Nach Einschätzung der Fachleute in den Workshops sind hier neue Formate beruflicher Weiterbildung gefordert, die auch ein hohes Maß an Integration unterschiedlicher Bildungs- und Weiterbildungsaktivitäten aufweisen. Die familiäre und kulturelle Situation der Migrantinnen und Migranten muss in diesen Formaten als integraler Bestandteil ihrer Erwerbstätigkeit begriffen und berücksichtigt werden. Dazu bedarf es einer Weiterbildungsinfrastruktur, in der Sprachförderung, kulturelle und Arbeitsmarktbezüge sowie berufliche Qualifizierung für Zuwanderer zusammengeführt werden.

Mit dem „Gesetz zur Verbesserung der Feststellung und Anerkennung von im Ausland erworbenen Berufsqualifikationen", kurz Anerkennungsgesetz, haben Personen mit einem im Ausland erworbenen beruflichen Abschluss seit dem 1. April 2012 das Recht auf ein Anerkennungsverfahren, also auf die Prüfung der Gleichwertigkeit ihres Abschlusses mit einem deutschen Referenzberuf. Werden bei der Prüfung der Ausbildungsinhalte wesentliche Unterschiede festgestellt und können diese nicht durch einschlägige Berufserfahrung ausgeglichen werden, wird ein Bescheid mit einer teilweisen Gleichwertigkeit ausgestellt. Bei reglementierten Berufen (z. B. Arzt, Apotheker, Erzieher) kann eine Berufszulassung nur nach Absolvierung einer Ausgleichsmaßnahme (Anpassungslehrgang oder Prüfung) erteilt werden. Im nicht reglementierten Bereich (duale Berufe) werden bei einer teilweisen Gleichwertigkeit die wesentlichen Unterschiede beschrieben, eine Anerkennung ist hier jedoch keine Voraussetzung für die Berufszulassung. Aus dem Anerkennungsverfahren heraus entsteht in einigen Fällen also individueller Weiterbildungsbedarf, für den der Bildungsmarkt jedoch noch nicht ausreichend aufgestellt ist. Soll das Gesetz ein Erfolg werden, muss eine solche Weiterbildungsinfrastruktur noch an Gewicht gewinnen, z. B. durch den Ausbau der Nachqualifizierung von Migrantinnen und Migranten (vgl. Baderschneider/Döring 2012).

Die für viele Zuwanderer durch das Anerkennungsgesetz ermöglichte Anerkennung ausländischer beruflicher Abschlüsse und neue Steuerungsinstrumente qualifikationsselektiver Zuwanderung (z. B. „Blaue Karte") können wichtige Impulse für eine Erhöhung der Zuwanderung und für eine verbesserte Arbeitsmarkt- und Bildungsintegration von Migrantinnen und Migranten darstellen. Bisher muss man allerdings hinsichtlich der Aktivierung der Qualifikationen und Kompetenzen sowohl neu zuwandernder als auch bereits in Deutschland lebender Migrantinnen und Migranten von einem umfänglichen „Brain Waste" ausgehen. Um den Erfolg der arbeitsmarktbezogenen und gesellschaftlichen Integration zu erhöhen, sind eine Reihe weiterbildungspolitischer Initiativen notwendig:

- Das in der Weiterbildung mit Migrantinnen und Migranten tätige Personal sollte insbesondere in Bezug auf kulturelle und familiäre Bedingungen dieser Personen professionalisiert werden.
- Die verbesserte Anerkennung im Ausland erworbener beruflicher Qualifikationen und Abschlüsse ist mit einem Ausbau der Weiterbildungs- und Beratungsangebote, gegebenenfalls der Nachqualifizierung, vor allem aber mit einer Verbindung von beruflichen, sprachlichen und kulturellen Bildungsangeboten zu koppeln.
- Um die berufliche und kulturelle Partizipation von Zuwanderern langfristig zu sichern, erscheint eine entsprechend ausgerichtete Weiterbildung von Erziehern/ Erzieherinnen im frühkindlichen Bereich sowie von Lehrern/Lehrerinnen und

Ausbildern/Ausbilderinnen wichtig. Bei allen auf Integration zielenden Weiterbildungsaktivitäten sollte auch geprüft werden, welche Rolle Migrantenorganisationen spielen können.

- Berufsspezifische Bildungsangebote für Migrantinnen und Migranten sind – in Verbindung mit der Sprachförderung – deutlich auszubauen.

Perspektiven für die Weiterbildungsforschung

Die Expertenworkshops haben ergeben: Um Arbeitsmarkt- und Weiterbildungspolitik gezielter und effizienter gestalten zu können, ist eine bessere Datenbasis über Zuwanderer wie Zugewanderte unverzichtbar. Die Datenbasis bezieht sich ebenso auf die mitgebrachten beruflichen Kompetenzen der Zuwandernden und auf Potenziale miteinwandernder Familienmitglieder wie auf kulturelle Bedürfnisse und Erwartungen. Hinzu kommt, dass auch das Wissen über die Wahrnehmung von Institutionen und gesetzliche Regelungen sowie die Akzeptanz von Bildungsangeboten seitens der Migranten und ihrer Familien begrenzt ist. Dementsprechend steht für die Weiterbildungsforschung im Zusammenhang von Zuwanderung besonders die Klärung folgender Sachverhalte an:

- Es wäre lohnend, der Aussagekraft der Zuschreibung „Migrationshintergrund" im Allgemeinen, aber auch im Hinblick auf Differenzierungen nach Herkunftsländern, gezielt nachzugehen.
- Quantitative und qualitative Effekte neuer Steuerungsinstrumente und der damit verbundenen Anreizstrukturen zur Förderung von Zuwanderung gilt es in den Blick zu nehmen.
- Die Qualifikationsprofile von Migrantinnen und Migranten sind detaillierter zu erfassen. Dabei sind auch die Familienmitglieder im Fall gesteuerter Anwerbung, zum Beispiel auf Basis der „Blauen Karte", einzubeziehen,
- Im Rahmen der Evaluation des Anerkennungsgesetzes sind zusätzliche Analysen der erwerbs- und bildungsbiografischen Wirkungen von erfolgreichen Anerkennungen von im Ausland erworbenen Bildungsabschlüssen anzuregen.
- Bei der Umsetzung des Anerkennungsgesetzes besteht ein spezifischer Beratungsbedarf bei den Zielgruppen für eine Anerkennung beruflicher Abschlüsse. Diesen Beratungsbedarf gilt es zu analysieren und in spezifische Instrumente für die Qualifizierung von Beratern sowie die Wahrnehmung ihrer Aufgaben umzusetzen.
- Anerkennungsstellen, Arbeitsmarktinstitutionen, Weiterbildungsanbieter und Betriebe benötigen Informationen über Bildungsstrukturen in relevanten Herkunftsländern. Die Grundlage hierfür muss durch eine kontinuierliche vergleichende Bildungsforschung geschaffen werden.

2.1.4 Bessere Einbeziehung anderer unterrepräsentierter Gruppen in die berufliche Weiterbildung

Gleiche Chancen auf Teilhabe

Seit Jahrzehnten weisen das Berichtssystem Weiterbildung (BSW) und der Adult Education Survey (AES) ein identisches Muster von in der beruflichen Weiterbildung unterrepräsentierten Gruppen aus: Neben den Geringqualifizierten und Personen mit Migrationshintergrund sind es Frauen (vor allem in Teilzeitarbeit oder ohne Erwerbstätigkeit), Arbeitslose und ältere Arbeitnehmer/-innen (vgl. Autorengruppe Bildungsberichterstattung, div. Jg.). Es sind dies die Erwerbspersonengruppen, deren Potenziale zur Bewältigung von demografisch bedingten Engpässen aktiviert werden müssen. Ihre vergleichsweise geringe Weiterbildungsaktivität lässt sich nicht nur aus individuellen Motivationslagen erklären.

Besonders erklärungsbedürftig erscheint, warum Frauen, die in den letzten 30 Jahren die großen Gewinnerinnen der Bildungsexpansion waren und auf allen Bildungsniveaus oberhalb der Hauptschule heute die höheren Beteiligungsquoten aufweisen, in der beruflichen Weiterbildung unterrepräsentiert sind. Ein Problem von Lernfähigkeit und -motivation ist vor dem Hintergrund ihrer sonstigen Bildungserfolge auszuschließen. In noch stärkerem Maße als bei Männern (und bei Älteren) beeinflussen offenkundig der Erwerbs- und Beschäftigungsstatus und die Qualifikation die Weiterbildungsteilhabe von Frauen. So nehmen hoch qualifizierte Frauen mit fast 70 Prozent deutlich häufiger als hoch qualifizierte Männer (60 Prozent) an Weiterbildung teil. Als für Frauen besonders problematisch erweisen sich nach wie vor die zu starren Angebotsstrukturen in der Weiterbildung. Im Bereich der beruflich-betrieblichen Weiterbildung ist es vor allem die unter Frauen überdurchschnittlich verbreitete Teilzeitarbeit, die die Teilhabe an Weiterbildung sichtbar erschwert; dies gilt auch für Hochqualifizierte. Gleichzeitig zeigt sich hier in besonderem Maße, wie aktiv Frauen ihre Weiterqualifizierung durch individuelle Anstrengungen (d. h. außerhalb des betrieblichen Umfelds) betreiben. Häufig jedoch findet sich Teilzeitarbeit in Tätigkeitsfeldern mit eher geringen Qualifikationsanforderungen und begrenzten beruflichen Entwicklungsmöglichkeiten, sodass es dort zu einer doppelten Benachteiligung von Frauen kommt: Wenig lernförderliche Arbeitsbedingungen sind verknüpft mit einem weitgehenden Ausschluss gering qualifizierter, in Teilzeit arbeitender Frauen von formalisierter beruflicher Weiterbildung.

Eine Intensivierung der Weiterbildung von gering qualifizierten Arbeitslosen könnte einen wichtigen Beitrag zur Reduzierung ihrer überdurchschnittlich hohen Arbeitsmarktrisiken leisten, auch wenn zu bedenken bleibt, dass nicht alle gering qualifizierten Arbeitslosen den Leistungsanforderungen gerecht werden können oder zum Lernen zu motivieren sind (vgl. auch Abschnitt 2.1.2). Bisher nehmen Arbeitslose und sonstige Nichterwerbstätige deutlich seltener an beruflicher Weiterbildung teil als Erwerbstätige, was hauptsächlich mit ihrem Beschäftigungsstatus und damit auch den „Gelegenheitsstrukturen" (Autorengruppe Bildungsberichterstattung 2008, 142) für betriebliche Weiterbildung zu tun hat, die Arbeitslosen nahezu gänzlich verschlossen sind. Angesichts des hohen Stellenwerts informellen Lernens im beruflich-betrieblichen Kontext (Baethge/Baethge-Kinsky 2004) sind Arbeitslose damit doppelt depraviert. Denn offenkundig spielt die Nähe zum Betrieb auch bei der Nutzung öffentlich geförderter Weiterbildungsmaßnahmen durch Arbeitslose eine positive Rolle – zumindest zeigen vorliegende Evaluationen zur Wirksamkeit von Maßnahmen zur Aktivierung und beruflichen Eingliederung (nach § 45 SBG III), dass Teilnehmende von Maßnahmen, die in Betrieben durchgeführt werden, im Anschluss seltener arbeitslos sind als Vergleichspersonen (vgl. Deeke et al. 2011, 199).

Angesichts der zunehmenden Erwerbsbeteiligung älterer Arbeitnehmer/-innen und der Heraufsetzung des Renteneintrittsalters erscheint die bisher beobachtbare Unterrepräsentanz älterer Beschäftigter an beruflicher Weiterbildung als problematisch, selbst wenn in den AES-Daten eine Verringerung des Abstands zwischen der Beteiligung jüngerer und älterer Arbeitnehmer sichtbar wird (Autorengruppe Bildungsberichterstattung 2012, 142), die allerdings mehr durch eine sinkende Weiterbildungsbeteiligung der jüngeren als durch eine stark ansteigende der älteren Kohorten bedingt ist. Besonders unterrepräsentiert sind Ältere in der betrieblichen Weiterbildung. In der Debatte im Expertenworkshop wurde als wichtiger Aspekt auf die Verbindung von Weiterbildung und Gesundheitsprophylaxe hingewiesen. Dies wird durch Forschungsbefunde unterstrichen, wonach enge Zusammenhänge zwischen der physiologischen und kognitiven Leistung bestehen und die Erhaltung der körperlichen und geistigen Fitness sich in Form verzögerter Alterungsprozesse auswirkt (Voelcker-Rehage 2009). Zugenommen haben sowohl bei Betrieben Angebote, die sich mit Gesundheitsfragen befassen, als auch bei älteren Arbeitskräften die Beteiligung an solchen Kursen. Über Zusammenhänge von Weiterbildung und Gesundheitsprophylaxe bei Älteren ist allerdings bisher wenig bekannt.

Perspektiven für die Weiterbildungspolitik

Bei einer stärkeren Einbeziehung der heute in der beruflichen Weiterbildung unterrepräsentierten Gruppen geht es weniger um die Ausweitung des bisherigen Weiterbildungsangebots als vielmehr um neue Formen von Weiterbildung, die auf die besondere Lebens- und Arbeitssituation dieser Gruppen ausgelegt sind. Man könnte sie als „integrierte Strategie" beruflicher Weiterbildung bezeichnen. Der Begriff „integriert" zielt dabei auf eine doppelte Perspektive: Zum einen auf eine bessere Verbindung von Lebenssituationen, Erwerbsstatus und Weiterbildung, was sich am Beispiel der Frauen veranschaulichen lässt. Ihre begrenzte Weiterbildungsteilnahme lässt sich nachhaltig verändern, wenn man ihre anhaltenden Schwierigkeiten, die vor allem in bestehenden strukturellen Problemen der Vereinbarkeit von lebensweltlichen Ansprüchen und Erwerbsarbeits- und Bildungsinteressen ihre Ursache haben, durch die Organisation der Weiterbildung besser löst. Zum anderen richtet sich der Blick bei „integrierten Strategien" auf eine bessere Verknüpfung zwischen unterschiedlichen Typen von Weiterbildungsangeboten – sowohl innerhalb der formalen und nonformalen Angebote als auch zwischen diesen und informellen Formen (z. B. in Unternehmen oder bei Medien). Man kann ähnliche Überlegungen für die Weiterbildungsteilnahme älterer und/oder gering qualifizierter Erwerbspersonen anstellen.

Integrative Weiterbildungsstrategien verlangen mehr Kooperation zwischen heute relativ getrennt operierenden Anbietern beruflicher Weiterbildung. Diese Kooperation ist schon allein deswegen nicht einfach zu bewerkstelligen, weil zwischen Weiterbildungsanbietern oft ein Konkurrenzverhältnis besteht. Es könnte eine Aufgabe von Politik sein, Kooperationsanreize zu setzen und regionale Supportstrukturen zu fördern. Eine besondere Rolle fällt hierbei den Betrieben als Beschäftigungsorganisationen und als wichtigsten Anbietern beruflicher Weiterbildung zu. Sie sind für integrierte Strategien ein wichtiger, vielleicht sogar der zentrale Akteur, und für sie (vor allem im mittleren und kleinbetrieblichen Bereich) sollten Anreize und Unterstützungsleistungen entwickelt werden, die Qualifikationspotenziale bisher weiterbildungsferner Beschäftigungsgruppen besser zu fördern; eine bewusste Gestaltung der Arbeitsprozesse zur Erhöhung der Lernförderlichkeit der Arbeit spielt dabei eine große Rolle.

Besonders dringlich erscheinen folgende Punkte:

- Auf der politischen Ebene geht es um die Unterstützung, den Ausbau, teilweise auch die Initiierung von Netzwerkstrukturen in der Weiterbildung, die besonders auf die bisher unterrepräsentierten Gruppen zielen und in denen unterschiedliche Typen von Organisationen in der Durchführung von Weiterbildung kooperieren sollten (Unternehmen, Weiterbildungsträger, Kinderbetreuungseinrichtungen, Arbeitsagenturen).
- Für die betriebliche Gestaltung des Zusammenhangs von Erwerbsarbeit, Weiterbildung und Zeitmanagement sollten die Tarifparteien Regelungen für lernförderliche Arbeits- und Zeitstrukturen erarbeiten.

Perspektiven für die Weiterbildungsforschung

Bei der stärkeren Einbeziehung von Gruppen, die in der Weiterbildungsteilnahme unterrepräsentiert sind, kann die Forschung politische Initiativen unterstützen:

- Der Zusammenhang zwischen unterschiedlichen Weiterbildungstypen (formal, nonformal, informell) stellt angesichts der konstatierten Entgrenzung des Lernens ein zukunftsträchtiges Forschungs- und Gestaltungsfeld dar. Durch Forschung sollten die Chancen für unterschiedliche Qualifikations- und Beschäftigtengruppen ausgeleuchtet werden.

- Es gilt, neue Modellen von Weiterbildung, die durch Kombination unterschiedlicher Lernformen (formalisierter und informeller) und Einbezug der Lebenssituationen für die heute unterrepräsentierten Gruppen interessant sein könnten, zu erarbeiten.

- Erfolgreiche (Best-Practice-)Beispiele für Weiterbildung von bisher unterrepräsentierten Erwerbspersonengruppen sollten auf ihre Übertragbarkeit hin geprüft und unterstützt werden.

- Im Hinblick auf die Förderung regionaler Netzwerke und Weiterbildungslandschaften gilt es, das Verhältnis von Konkurrenz und Kooperation zwischen Weiterbildungsanbietern zu untersuchen.

2.1.5 Verbesserung der Durchlässigkeit

Zugänge und Anrechnungsregelungen

Die Herstellung und Sicherung durchlässiger Strukturen durch die Anschlussfähigkeit der Bildungsgänge untereinander gehört zu den immer wiederkehrenden Forderungen in der Bildungspolitik. Im Bereich der Weiterbildung geht es dabei vor allem um die Durchlässigkeit zwischen der beruflichen Aus- und Fortbildung sowie die Übergänge in den Hochschulbereich, aber auch die gegenseitige Anrechenbarkeit von Fortbildungsregelungen nach Landes- und Bundesrecht.

Die Durchlässigkeit zwischen der Aus- und Fortbildung ist in unterschiedlichem Maße gewährleistet. Im Allgemeinen haben Absolventinnen und Absolventen einer beruflichen Ausbildung vielfältige Möglichkeiten, über die Fortbildung einen anerkannten Abschluss entweder nach Landesrecht oder Bundesrecht (BBiG/HwO) zu erwerben. Im Detail ist die Anschlussfähigkeit aber in sehr unterschiedlicher Intensität gewährleistet. Bei den Fortbildungsregelungen aufgrund von Rechtsverordnungen des Bundes ist sie tendenziell eher gegeben als bei Kammerregelungen; in den stärker besetzten Berufen gibt es – vor allem was die regionale Erreichbarkeit angeht – mehr Anschlussmöglichkeiten als in schwächer besetzten Berufen.

Mit der Liberalisierung des Hochschulzugangs für Absolventinnen und Absolventen mit anerkannten Fortbildungsabschlüssen ist eine wichtige formale Hürde entfallen. Die Empfehlung der KMK (2009) ist inzwischen weitgehend von den Bundesländern umgesetzt worden. Der Erfolg zeigt sich inzwischen in deutlich steigenden Übergangsquoten von beruflich Qualifizierten. Gleichwohl bestehen nach wie vor Hemmnisse bei der Wahrnehmung der Zugangsmöglichkeiten. Dies gilt vor allem für die restriktiven Anrechnungsregelungen, bei der Anerkennung von Qualifikationen, die in der beruflichen Ausbildung, in der beruflichen Praxis oder während einer Fortbildung erworben wurden. Es dominiert eine individuelle Prüfung und Anrechnung. Dies ist für die Hochschulen mit einem hohen Aufwand, für die Interessentinnen und Interessenten mit einer hohen Unsicherheit verbunden.

Studien zeigen, dass beruflich qualifizierte und berufserfahrene Absolventinnen und Absolventen über vergleichbare Kompetenzen wie Hochschulabsolventen verfügen (vgl. FBH/WHKT/FOM 2008). Sie üben vergleichbare Tätigkeiten aus und verfügen über vergleichbare Kompetenzen. Von ihrer Zielsetzung bieten Bachelorstudiengänge, vor allem solche an Fachhochschulen, gute Voraussetzungen, beruflich erworbene Qualifikationen bei einem Studium anzurechnen. Äquivalenzanalysen erbringen ein Anrechnungspotenzial in Höhe von bis zu einem Drittel eines Bachelorstudiums (vgl. Hansen/Bick 2008, S. 64). Würde dieser Spielraum besser ausgeschöpft, könnten Studienzeiten deutlich verkürzt werden. Die Erfahrungen in der BMBF-Initiative „Anrechnung beruflicher Kompetenzen auf Hochschulstudiengänge" (ANKOM) zeigen, dass die Hochschulen über die Inhalte und Methoden der beruflichen Bildung kaum informiert sind und sie nicht einschätzen können (vgl. Stamm-Riemer et al. 2008). Auch tragen die hohen Studienanfängerzahlen, die Akkreditierungsanforderungen, die Diskussion um Profilbildung und die Entwicklung der Hochschulen zu Exzellenzzentren der Forschung nicht dazu bei, sich verstärkt der Anrechnung beruflicher Kompetenzen zuzuwenden. Ziel muss es sein, zu pauschalen Anrechnungsverfahren auf der Grundlage der erworbenen Abschlüsse zu kommen. Bislang wird diese Möglichkeit erst vereinzelt genutzt.

Flankierend notwendig wären Beratungs- und Unterstützungssysteme an den Hochschulen, um Interessenten über die Anforderungen und Möglichkeiten zu informieren sowie gegebenenfalls vorhandene Lücken im Bereich von Grundlagenfächern zu schließen. Dies müssen nicht unbedingt die Hochschulen selbst übernehmen. Vielmehr bietet sich eine Zusammenarbeit mit Einrichtungen und Trägern der Weiterbildung an.

Ein gravierendes Problem stellt auch die Studienorganisation und die Studienfinanzierung dar. Um ein Studium aufnehmen zu können, müssen Berufstätige ihren Arbeitsvertrag kündigen, unbezahlten Urlaub nehmen oder auf Teilzeitarbeit umsteigen. Dies ist mit finanziellen Einbußen verbunden, die für viele kaum zu tragen sind. Die Fördermöglichkeiten im Rahmen des BAföG oder der Aufstiegsstipendien stellen nur ein geringes Äquivalent für den Einkommensausfall dar. Notwendig sind ergänzende Finanzierungssysteme durch privates Sparen, Bildungssparen, Bildungskredite oder betriebliche Stipendien.

Zuordnung von Fortbildungsabschlüssen zu den DQR-Niveaus

Mit der Verabschiedung des Deutschen Qualifikationsrahmens (DQR) sind die beruflichen Fortbildungsabschlüsse den Niveaus 5, 6 und 7 zugeordnet worden. Auch ist mit der Zuordnung der Meisterabschlüsse sowie analoger Abschlüsse auf Niveau 6 eine erste Zuordnung erfolgt. Offen geblieben ist aber, auf welchem Niveau welcher der rund 200 Fortbildungsabschlüsse aufgrund von Rechtsverordnungen des Bundes oder der rund 3.000 verschiedenen Fortbildungsabschlüsse aufgrund von sog. Kammerregelungen eingeordnet werden sollen. Diese Aufgabe muss noch geleistet werden. Unterschiedliche Positionen – der Vertreter/-innen der Hochschulen auf der einen Seite, der Vertreter/-innen der Berufsbildung auf der anderen Seite – stehen sich dabei gegenüber.

Die Zuordnung wird dabei pragmatisch und zusammen mit den relevanten Akteuren auf der Grundlage von Rahmenlehrplänen und Prüfungsanforderungen erfolgen. Ergänzend notwendig sind jedoch Studien zur Komplexität der Arbeitsaufgaben, der Qualifikationsanforderungen und des erzielten Kompetenzniveaus. Die vereinbarte Evaluation der Zuordnungen in fünf Jahren muss durch entsprechende Studien vorbereitet und wissenschaftlich fundiert werden.

Noch weitgehend unklar ist vor allem auch, durch welche Abschlüsse das DQR-Niveau 5 abgedeckt werden kann. Von der Systematik der Abschlüsse bildet dieses Niveau die Eingangsstufe für die Abschlüsse im tertiären Bereich. Im Ausland werden hier zumeist die sogenannten „Short Cycles" zugeordnet, das heißt Abschlüsse, die teils in Bachelorstudiengänge integriert sind und hier die erste Stufe darstellen, teils aber auch losgelöst davon eigenständige Bildungsgänge und Abschlüsse darstellen (Rein 2011). In Deutschland sind diese Abschlüsse weitgehend unbekannt.

Perspektiven für die Weiterbildungspolitik

Die Handlungsmöglichkeiten des Bundes in der Bildungspolitik sind zwar begrenzt, dennoch gibt es verschiedene Handlungsoptionen

- Die BAföG-Regelungen für beruflich Qualifizierte sollten überprüft und so modifiziert werden, dass dadurch keine Benachteiligung erwächst.
- Flankierend ist der Aufbau einer nachhaltigen und flächendeckenden Beratungsinfrastruktur für Studieninteressenten mit beruflicher Qualifikation zu unterstützen.
- Die Förderung des Studiums von Absolventinnen und Absolventen einer anerkannten Fortbildung durch Aufstiegsstipendien sollte dauerhaft gesichert und entsprechend den Übergängen von beruflich Qualifizierten in ein Studium gefördert werden.

- Die Möglichkeit, Short Cycles als erste Fortbildungsstufe zu profilieren, sollte durch Machbarkeitsstudien geprüft werden.

Perspektiven für die Weiterbildungsforschung

- Notwendig wäre eine Bestandsaufnahme der Möglichkeiten, einen anerkannten Fortbildungsabschluss zu erwerben. Dies betrifft zum einen die bestehenden Fortbildungsregelungen, zum anderen aber auch deren Erreichbarkeit sowie die faktische Inanspruchnahme.
- Jenseits des Konsenses über die Gleichwertigkeit der Fortbildungsabschlüsse mit hochschulischen Abschlüssen besteht die Aufgabe von Forschung darin, die zunächst nach pragmatischen Kriterien und aufgrund von politischen Setzungen vorgenommenen Zuordnungen von Abschlüssen zu den Niveaus empirisch zu validieren. Dies wird angesichts der Fülle der Abschlüsse nur exemplarisch erfolgen können.
- Anzuregen sind Untersuchungen und Expertisen zu den Anerkennungs- und Anrechnungsverfahren, die Hochschulen bei der Zulassung von beruflich qualifizierten Studienbewerbern einsetzen. Dies betrifft die Kriterien ebenso wie die eingesetzten Instrumente und begleitende Brückenkurse.

2.1.6 Weiterbildung von Hochqualifizierten im Zuge zunehmender Wissensdynamik

Management des Wissens

Auch wenn nach den großen Surveys zur Weiterbildungsbeteiligung die Gruppe der Hochqualifizierten die deutlich höchsten Teilnahmequoten aufweist, bedeutet das noch nicht, dass die Weiterbildungsaktivitäten und -angebote der Bedeutung dieser Gruppe für Wissenstransfer, Innovation und Produktivität der Wirtschaft im demografischen Wandel angemessen sind.

Eine hohe Dynamik in der Generierung von Innovationen und systematischem Wissen gilt seit Langem als hervorstechendes Merkmal hoch entwickelter Gesellschaften. Fast ebenso lange wird darüber debattiert, wie neues Wissen von den Orten seiner Entstehung (vor allem Hochschulen, Forschungsinstituten, FuE-Abteilungen in innovativen Unternehmen) möglichst schnell in die Praxisfelder der Arbeit und gesellschaftlichen Kommunikation transferiert werden kann. Als Ausdruck dieses Bemühens kann man die Entstehung von eigenen Wissensmanagementabteilungen in (Groß-)Unternehmen, Wissenstransferstellen an Hochschulen wie auch den Sachverhalt verstehen, dass mehr oder weniger alle Hochschulgesetze wissenschaftliche Weiterbildung neben Forschung und Lehre in den Aufgabenkatalog der Hochschulen aufgenommen haben.

Dass Weiterbildung beim Wissenstransfer eine wichtige Rolle spielt, lässt sich an mehreren Sachverhalten ablesen: Die Hochqualifizierten sind die weiterbildungs-aktivste Gruppe. Für einzelne akademische Berufe (z. B. Mediziner und Architek-ten) ist inzwischen eine gesetzliche Weiterbildungsverpflichtung festgeschrieben. Der Zusammenhang von Innovation und Weiterbildung wird daran sichtbar, dass innovationsstarke Betriebe zugleich höhere Weiterbildungsaufwendungen tätigen als andere. Inzwischen gibt es einen ausdifferenzierten Markt für wissenschaftliche Weiterbildung, in dem auch (Spitzen-)Hochschulen aus dem angloamerikanischen Sprachraum Angebote präsentieren.

Außer den skizzierten Zusammenhängen wissen wir über die Qualität, die Wir-kungen und auch die Bezüge auf die Arten des Wissens bei der Weiterbildung Hoch-qualifizierter wie auch bei der Diffusion neuen Wissens in die mittleren und unte-ren Berufsfelder wenig. Aufschlussreich ist, dass bei den Weiterbildungsaktivitäten Hochqualifizierter nicht universitäre Anbieter stärker als universitäre vertreten sind. Fachleute gehen davon aus, dass bei den Hochschulen Weiterbildung auch künftig als fünftes Rad am Wagen behandelt werden wird – nicht zuletzt aufgrund eines unvermindert hohen Zustroms von Studienanfängern und -anfängerinnen (Wolter 2012).

Perspektiven für die Weiterbildungspolitik

Angesichts dieser Situation können sowohl Politik als auch Forschung viel zur Ver-besserung von wissenschaftlicher Weiterbildung und Wissenstransfer tun. Politisch sind vor allem die folgenden Felder anzugehen:

- Es sind die materiellen, personellen und normativen Bedingungen dafür zu schaffen, dass die Hochschulen ihre Verpflichtung zur wissenschaftlichen Wei-terbildung auch in Phasen eines hohen Andrangs von Schulabgängern und -abgängerinnen zum Studium wahrnehmen.
- Da verstärkt auch ausländische Hochschulen in den deutschen Weiterbildungs-markt drängen, ist zu prüfen, wieweit und in welchen Disziplinen deutsche Hoch-schulen durch Anreize für den Weiterbildungsexport gestärkt werden können.
- Es sind symbolische, gegebenenfalls auch materielle Anreize für den Ausbau oder die Schaffung von Wissenschafts-Praxis-Netzwerken für Wissenstransfer und Weiterbildung zu entwickeln.
- Da auch systematisches Wissen veraltet, ist zu prüfen, ob die Verbindlichkeit der Weiterbildung bei weiteren wissensbasierten Berufen (allerdings ohne eine allgemeine gesetzliche Regelung) gestärkt werden soll und welche Formen dafür gewählt werden können.

Perspektiven für die Weiterbildungsforschung

Weiterbildungsforschung kann eine bessere Wissensbasis für die Politik u. a. durch die Klärung folgender Sachverhalte schaffen:

- Die Angebotsstrukturen in der Hochqualifiziertenweiterbildung sollten nach Qualität, Finanzierung und Effekten untersucht werden. Dies beinhaltet auch eine Evaluation der Weiterbildungsangebote.
- Den Hindernissen beim Wissenstransfer und der Kooperation von Betrieben, Weiterbildungsanbietern und Hochschulen und den Ursachen hierfür gilt es nachzugehen.
- Von Interesse wäre eine Analyse der Transferierbarkeit der im Programm „Offene Hochschule" gegenwärtig geschaffenen Weiterbildungsinfrastrukturen im Sinne generalisierbarer wissenschaftlicher Weiterbildungsformen und -institutionen.

2.2 Strukturelle Herausforderungen: weiterbildungsspezifische Handlungsfelder

Jenseits der zentralen und übergreifenden Herausforderungen für die berufliche Weiterbildung, der Sicherung des Fachkräftebedarfs, ergeben sich jeweils spezifische Herausforderungen im Hinblick auf die einzelnen Handlungsfelder. Sie beziehen sich vor allem auf die Fragen der Wirkungsmessung, die Qualitätsentwicklung und ihre Instrumente, die Qualifizierung des Weiterbildungspersonals, die Strukturierung und Zertifizierung sowie die Finanzierung und Beratung.

2.2.1 Identifikation und Erfassung von Wirkungen

Mutmaßungen und Spekulationen

Von der Teilnahme an Weiterbildung werden weitreichende Nutzeneffekte und Wirkungen für die Teilnehmenden selbst und das betriebliche Umfeld wie auch die Gesellschaft in Form indirekter Erträge erwartet. Neben unmittelbar ökonomischen Erträgen (z. B. in Form einer erhöhten Arbeitsproduktivität oder eines erhöhten Einkommens) werden der Weiterbildung positive Beiträge zur gesellschaftlichen Teilhabe, zur Arbeitsmarktintegration, zur sozialen Integration sowie zur Lebensqualität oder auch zur Persönlichkeitsentwicklung zugeschrieben.

Von Ausnahmen in wenigen Bereichen der Weiterbildung abgesehen, liegen Ergebnisse einer validen Wirkungsforschung nicht vor. Das beruht wohl auch auf prinzipiellen Schwierigkeiten der empirischen Messung von Nettowirkungen von Bildungsmaßnahmen. So ist die Datenerfassung aufwendig, es sind lange Untersuchungszeiträume erforderlich, adäquate Vergleichsgruppen sind in der Regel nur über statistische Verfahren ex post darstellbar. Diese mangelnde Datenlage bildet den Nährboden für vielfältige Mutmaßungen und Spekulationen.

So haben Staudt und Kriegesmann (1999) mit ihrer Veröffentlichung unter dem plakativen Titel „Weiterbildung: Ein Mythos zerbricht" eine kontroverse Debatte angestoßen. Ihre These war, dass formalisierte und institutionalisierte Weiterbildung mit hohen Streuverlusten und mangelnden Verwertungsmöglichkeiten verbunden sei. Im Ergebnis blieben mindestens 50 Prozent der traditionellen Weiterbildungsmaßnahmen weitgehend wirkungslos. Für diese kritische Einschätzung konnten sie aber keine empirischen Belege vorweisen – ebenso wenig wie andere, die grundsätzlich von einer Erhöhung der individuellen, betrieblichen und gesamtwirtschaftlichen Produktivität durch Weiterbildungsinvestitionen ausgehen.

Wirkungsanalysen werden – wenn auch nur selten auf wissenschaftlicher Grundlage – für den Bereich der betrieblichen Weiterbildung vorgelegt. Das hat seine Grundlage darin, dass die betriebliche Personalentwicklung und Weiterbildung stets unter dem Legitimationsdruck des Managements stehen, ihren Beitrag zur „Performanz" des Unternehmens unter Beweis zu stellen. So wurden durch Renditerechnungen oder Performanzindikatoren Effekte rechnerisch ermittelt, die einer kritischen Nachprüfung nicht immer standhalten. Die Berechnung der Aufwendungen für betriebliche Weiterbildung fällt leicht, die Identifikation ihrer Wirkungen und erst recht deren Darstellung in monetären Kategorien gelingt aber in der Regel nicht (Käpplinger 2009). In der Not, nicht nur Lernerfolge, sondern einen wirtschaftlichen Nutzen zu belegen, wurden viele fragwürdige Controllinginstrumente entwickelt und vermarktet. Sie mögen dazu dienlich sein, um Weiterbildung unternehmensintern argumentativ besser zu platzieren. Es handelt sich aber nicht um wissenschaftlich valide Instrumente.

Generell ist festzustellen, dass die Wirkungs- und Erfolgsmessung von Weiterbildung in den Betrieben einen deutlich geringeren Stellenwert hat als die Kostenerfassung (Käpplinger 2009). Dies ist auf das Fehlen geeigneter und zugleich praxistauglicher Instrumente, aber auch den höheren Aufwand einer Nutzenmessung zurückzuführen. Gemeinhin begnügt man sich in der betrieblichen Praxis mit einfachen, wenig aufwendigen Instrumenten, vertraut auf intuitive Verfahren oder verlässt sich implizit darauf, dass alle Beteiligten ein Interesse daran haben, dass die Weiterbildung erfolgreich ist. Gemessen am Anspruch einer systematischen Planung und Steuerung von Weiterbildung erscheint dieser Zustand höchst defizitär. Dessen ungeachtet sind die internen und externen Kunden von Weiterbildung zunehmend an Erfolgsnachweisen interessiert.

Hinweise gibt es weiterhin, dass der Erwerb anerkannter und allgemeingültiger Qualifikationen bei den Beschäftigten zu einem höheren Anstieg der Einkommen führt als eine firmenspezifische Weiterbildung (Muehler/Beckmann/Schauenberg

2007). Entsprechende Annahmen der Humankapitaltheorie werden damit bestätigt. Offenbar gelingt es Unternehmen bei einer firmenspezifischen Weiterbildung besser, den Nutzen für sich zu vereinnahmen. Die Frage der Wirkungsmessung und Nutzenbewertung ist deshalb immer auch mit der Frage verbunden, wer den Nutzen hat und wer in der Lage ist, den Nutzen für sich zu internalisieren.

Schwierigkeiten der Wirkungsmessung

Mit beruflicher Weiterbildung werden individuelle, betriebliche und gesellschaftliche Ziele verfolgt. Bei der Wirkungsmessung geht es somit darum, ob und inwieweit die intendierten Ergebnisse auch erzielt worden sind. Eine erste Schwierigkeit besteht darin, dass Weiterbildungsziele häufig unklar sind oder sich einer Messung im Lernfeld entziehen. Häufig beschränken sich Betriebe und Bildungsanbieter deshalb auf eine Abfrage der Teilnehmerzufriedenheit. Sodann geht es um die Identifikation und Messung intendierter und nicht intendierter Wirkungen. Und schließlich interessiert die Bewertung der Lernergebnisse durch die Teilnehmenden oder durch Dritte, etwa Vorgesetzte in Unternehmen, sowie die Quantifizierung des Nutzens der Weiterbildung für das Individuum selbst, die Organisation oder eine soziale Gruppe. Für das Individuum kann der Nutzen beispielsweise in einer kompetenteren Wahrnehmung beruflicher Aufgaben, einer größeren Arbeitszufriedenheit oder einem beruflichen Aufstieg bestehen. Für die Organisation könnte sich der Erfolg der Weiterbildung beispielsweise in effizienteren Arbeitsprozessen, einer erhöhten Kundenzufriedenheit oder einer geringen Mitarbeiterfluktuation niederschlagen. Für eine soziale Gruppe könnte der Beitrag zur kollektiven Leistung, zur Wohlfahrt oder zum sozialen Zusammenhalt im Vordergrund stehen.

Bei der Wirkungsmessung geht es neben benennbaren Effekten auch um die Beurteilung der Wirtschaftlichkeit einer Maßnahme oder eines Programms. Dazu bedarf es eines Abgleichs zwischen dem Ressourceneinsatz (an Zeit und finanziellem Aufwand) und den identifizierten Nutzeneffekten. Um valide Aussagen zu treffen, müssten Vergleichsgruppen gebildet werden können, um verschiedene Gestaltungsalternativen in ihren Wirkungen und in ihrer Wirtschaftlichkeit vergleichend zu bewerten. Derartige Bedingungen sind bestenfalls unter Laborbedingungen, aber kaum in der Praxis der Weiterbildung gegeben.

Die Identifikation von Wirkungen – etwa des Transfererfolgs oder den Wirkungen auf den Unternehmenserfolg – ist in der Praxis wie auch der Wissenschaft ein schwieriges Unterfangen (Kirkpatrick 1998). Das hat seine Ursache zunächst einmal im Gegenstand selbst. Die meisten Weiterbildungsmaßnahmen sind nur von kurzer Dauer. Nachhaltige und messbare Wirkungen sind davon nicht unbedingt zu erwarten. Hinzu kommt, dass sich Wirkungen in der Regel nicht unmittelbar beobachten lassen, sondern nur indirekt erschlossen oder im Nachhinein durch gesonderte Erhebungen identifiziert werden können. Aus diesem Grund werden in der betrieblichen Weiterbildung häufig Indikatoren und Kennziffern eingesetzt, um anhand ihrer Entwicklung indirekt Aussagen über Wirkungen ableiten zu können (Weiß 2005).

Eine zentrale Schwierigkeit der Wirkungsmessung ist, dass ein ursächlicher Zusammenhang zwischen einer bestimmten Bildungsmaßnahme und einer intendierten Wirkung, beispielsweise einem wirtschaftlichen Nutzen, in der Regel nicht nachzuweisen ist. Positive wie negative Wirkungen lassen sich selten einer einzigen Ursache zuordnen. In der Regel sind verschiedene Faktoren wirksam, die sich kaum isolieren und einzeln messen lassen. Eine Zuschreibung von Wirkungen auf nur eine einzige Ursache, eben der Teilnahme an Weiterbildung, verkürzt somit die Komplexität von Wirkungszusammenhängen.

Ein großes Problem der Wirkungsmessung stellt die (Vor-)Auswahl der Teilnehmenden dar. Denn für Weiterbildung entscheiden sich zumeist Personen, die besonders motiviert sind, die eine formal höhere Vorbildung besitzen und eine anspruchsvollere berufliche oder hierarchische Position im Arbeitsleben haben. Die Selektion der Teilnehmenden trifft auf die betriebliche Weiterbildung in besonderem Maße zu. Wirkungszuschreibungen, die diesen Selektionseffekt nicht berücksichtigen, gelangen zu überhöhten Nutzen- oder Ertragswerten (Leu/Gerfin 2004).

Weiterbildung kann schließlich nicht nur für die Teilnehmenden selbst oder ihre Arbeitgeber einen Nutzen haben, sondern auch für nicht unmittelbar beteiligte Dritte. Die Bildungsökonomie spricht in diesem Zusammenhang von „externen Effekten". Sie entstehen, weil die Lernergebnisse im Sinne von Einstellungen oder Kompetenzzuwächsen durch Kommunikation in sozialen Netzen diffundieren und ungewollt oder intendiert weitergegeben werden. Externe Effekte werden vielfach argumentativ ins Feld geführt, aber nur selten empirisch untermauert.

Identifikation von Lernergebnissen

Ob und inwieweit die intendierten Lernergebnisse in der (beruflichen) Weiterbildung erzielt worden sind, wird im Allgemeinen nicht überprüft. Eine Überprufung der Zielerreichung gilt aus erwachsenenpädagogischen Gründen als nicht sinnvoll und im Hinblick auf die erforderlichen Ressourcen auch als wirtschaftlich nicht zweckmäßig. Größtenteils begnügt man sich mit der Ausgabe von Teilnahmebescheinigungen oder einer kurzen Information zu Weiterbildungsthemen auf den Zertifikaten. Selbst in der betrieblichen Weiterbildung, in der ein hohes Interesse an einer wirtschaftlichen Mittelverwendung besteht, verzichtet man auf aufwendige Tests oder Lernstandsfeststellungen. Eine Erfolgskontrolle erfolgt eher durch formalisierte

Rückmeldungen über die Zufriedenheit der Teilnehmenden oder im Rahmen von Mitarbeitergesprächen.

Die Ausrichtung der Bildungspolitik auf Learning Outcomes in Form von Kompetenzen sowie der Anspruch einer empirischen Validierung haben den Anspruch begründet, allgemeine wie berufliche Kompetenzen messbar zu beschreiben und damit auch messtechnisch zu überprüfen. Dies schlägt sich in Forschungsprogrammen wie ASCOT („Technology-based Assessment of Skills and Competencies in VET"), in den Ansätzen des Programms „Empirische Bildungsforschung", aber auch in den Förderschwerpunkten der DFG nieder.

Die nationalen und internationalen Forschungsbefunde sind in ihren jeweils verschiedenen disziplinären und theoretischen Zusammenhängen für die Berufsbildung aufzuarbeiten und dabei insbesondere auch die Ergebnisse aus aktuellen Forschungsinitiativen zur beruflichen Kompetenzmessung zu berücksichtigen (Baethge/Achtenhagen et al. 2006). Auf dieser Grundlage sollen Konzepte für die Nutzung der in diesem Kontext anfallenden Ergebnisse für die Praxis von Prüfungen und Leistungsmessungen unter Berücksichtigung der jeweiligen Kontexte entwickelt und in der Praxis erprobt werden. Darüber hinaus sind Verfahren der Kompetenzmessung in den empirischen Konzepten von Forschungsprojekten einzubeziehen.

Evaluation von Arbeitsmarktprogrammen

Große Bedeutung haben in den vergangenen Jahren Evaluationen der aktiven Arbeitsmarktpolitik gespielt. Aufgrund der hohen finanziellen Investitionen wie auch der verbreiteten Kritik an der Qualität der Maßnahmen wurden eine Reihe von Studien in Auftrag gegeben, die sich seit den neunziger Jahren mit unterschiedlichen Fragen der Wirkungsmessung befasst und dazu auch Standards der Programmevaluation entwickelt haben. Im Vordergrund steht bei den Maßnahmen das Ziel, Arbeitslose wieder in ein Beschäftigungsverhältnis zu vermitteln bzw. den Übergang in eine Erwerbstätigkeit zu erleichtern.

Verfahren der Wirkungsforschung zur beruflichen Weiterbildung, die im Rahmen des SGB II und III von der Bundesagentur für Arbeit gefördert wird, sind deutlich weiter entwickelt als die zu anderen Bereichen der Weiterbildung. Zum einen ist durch die umfangreiche Erhebung von Teilnehmerdaten, Daten zum Instrumenteneinsatz und zum Integrationserfolg nach einheitlichen Standards eine andere Basis für Wirkungsforschung gegeben als anderswo. Zum anderen ist seit der Jahrtausendwende im Zuge der Umsetzung der Reformen am Arbeitsmarkt umfassendes methodisches Wissen zur Evaluation von Weiterbildungsmaßnahmen aufgebaut worden. Der Fokus der Wirkungsforschung liegt hier allerdings nahezu ausschließlich auf der Frage, wie Weiterbildung zur Arbeitsmarktintegration beiträgt. Andere mögliche Wirkungen, z. B. zu Lernerfolgen, gesellschaftlicher Integration bestimmter Teilnehmergruppen oder zu langfristigen biografischen Auswirkungen, bleiben außerhalb der Betrachtung.

Die hohe Volatilität der Maßnahmen in den Rechtskreisen SGB II/SGB III hat dazu geführt, dass in den vergangenen zwölf Jahren eine große Zahl von Studien zur Wirkung der Instrumente der aktiven Arbeitsmarkpolitik vorgelegt worden ist (ein synoptischer Überblick der Studien und ihrer Ergebnisse findet sich in: Deutscher Bundestag 2012). Die Mehrzahl der Studien hat zum Ergebnis, dass Weiterbildungs- und Trainingsmaßnahmen die Arbeitsmarktintegration der Teilnehmenden langfristig befördern. Zugleich unterscheiden sich die Wirkungen unter anderem in Abhängigkeit von den Lernorten, der Maßnahmedauer, dem Maßnahmeziel und der Zielgruppe deutlich voneinander. So sind betriebliche und betriebsnahe Maßnahmen deutlich wirksamer als schulische Maßnahmen (Stephan/Pahnke 2012). Die langfristige Integration – mit einer Beschäftigungswirkung von bis zu 20 Prozent in Westdeutschland – wird vor allem durch solche Maßnahmen befördert, die einen anerkannten beruflichen Abschluss vermitteln, wenn auch kurze Trainingsmaßnahmen mit maximal 12 Wochen Dauer naturgemäß schnellere Wirkungen entfalten können und Lock-in-Effekte mindern, die bei abschlussorientierten Maßnahmen die kumulierten Beschäftigungseffekte ins Negative drehen können (Heyer/Koch/Stephan/Wolff 2012, 48; Lechner/Wunsch 2009, 655). Auch fällt die Wirkung von Weiterbildungsmaßnahmen für über 25-Jährige positiver aus als für Jugendliche.

Nutzen der Aufstiegsfortbildung

Ein deutlicher individueller Nutzen der beruflichen Weiterbildung ist in der Regel mit einem anerkannten Fortbildungsabschluss verbunden. Die regelmäßigen Erhebungen des DIHK (2004, 2011) zeigen, dass sich die Fortbildung aus Sicht der Befragten größtenteils gelohnt hat. Erfolgreiche Absolventinnen und Absolventen berichten von einem größeren Verantwortungsbereich, finanziellen Verbesserungen, einer besseren Aufgabenwahrnehmung oder einer größeren Sicherheit des Arbeitsplatzes. Relativierend muss allerdings berücksichtigt werden, dass es sich bei den Befragten vermutlich um eine Positivauswahl handelt. Allerdings fehlen im Erhebungsdesign Vergleichsgruppen, sodass Wirkungen nicht verlässlich auf die Fortbildung zurückgeführt werden können. Immerhin können die Befragungsergebnisse als Indikator für eine nach wie vor hohe Erfolgserwartung und somit eine positive Kosten-Nutzen-Relation angesehen werden.

Der Vergleich mit früheren Erhebungen zeigt indessen deutlich rückläufige Nutzeneinschätzungen der Befragten (DIHK 2010, 17). An Bedeutung zugenommen haben vor allem die auf Statussicherung bezogenen Motive, das heißt die bessere

Bewältigung der Arbeitsaufgaben und die Sicherung des Arbeitsplatzes. Demgegenüber sind die Anteile derjenigen rückläufig, die finanzielle Verbesserungen verzeichnen oder einen Aufstieg in verantwortungsvollere Aufgaben vollzogen haben. Damit deutet sich ein Funktionswandel der Fortbildung an. Offen bleibt allerdings, wie stabil dieser Wandel ist und ob er somit als Ausdruck für einen Funktionswandel der anerkannten Fortbildungsabschlüsse interpretiert werden kann oder ob er lediglich ein Reflex der veränderten Arbeitsmarktlage respektive der in der Vergangenheit gestiegenen Arbeitslosigkeit ist.

Deutliche Unterschiede in der beruflichen Verwertbarkeit der Fortbildung scheinen auch zwischen den verschiedenen Abschlüssen zu bestehen. In einer Studie, in der verschiedene, quantitativ bedeutsame Abschlüsse untersucht worden sind, kommen Götzhaber/Jablonka/Metje (2010, 83) zu dem Ergebnis, dass Industriemeister/-innen den Nutzen der Fortbildung deutlich höher einschätzen als Handelsfachwirte oder IT-Projektleiter/-innen. Dieser Befund weist darauf hin, wie sehr Nutzenerwartungen und Nutzenrealisierungen vom jeweiligen Arbeitsmarktsegment und Qualifikationsprofil, von Traditionen und dem Stellenwert der Fortbildungsabschlüsse in der betrieblichen Personalentwicklung abhängen.

In diese Richtung weist auch das Ergebnis, dass der Nutzen für den einzelnen Teilnehmenden davon abhängt, ob die Initiative zur Fortbildung vom Arbeitgeber oder vom Teilnehmenden selbst ausgegangen ist und ob die Fortbildung vom Arbeitgeber unterstützt worden ist. In den Fällen, in denen die Teilnahme vom Arbeitgeber als Teil der Personalentwicklung unterstützt worden ist, schlägt sich die Fortbildung häufiger in einem Einkommensanstieg, einem innerbetrieblichen Aufstieg oder höherwertigen Arbeitsaufgaben nieder (Pfeifer 2008, 27). Geht die Initiative hingegen vom Teilnehmenden selbst aus und hat er die Kosten im Wesentlichen selbst getragen, lässt sich ein Aufstieg oder eine Einkommenssteigerung oftmals nur durch einen Betriebswechsel realisieren.

Die vorliegenden Daten bestätigen, dass die Absolventinnen und Absolventen mit einem anerkannten Fortbildungsabschluss Einkommenszuwächse gegenüber solchen mit einer abgeschlossenen Berufsausbildung erzielen. Auch üben sie häufiger eine qualifizierte oder sogar leitende Funktion aus. In dieser Hinsicht erzielen sie sogar ähnliche Werte wie Hochschulabsolventen und -absolventinnen. Deutlich wird aber auch, dass Absolventinnen und Absolventen mit einem Fortbildungsabschluss gegenüber denjenigen mit Hochschulabschluss ein geringeres durchschnittliches Einkommen erreichen. Dies ist vor allem bei Männern der Fall (BIBB 2012, 368).

Zu anderen Ergebnissen als die Absolventenbefragung der Kammern kommt die Erwerbstätigenerhebung von BIBB und BAuA. Die Daten für 2006 (Weiß 2010) lassen erkennen, dass mit einem Fortbildungsabschluss oftmals kein beruflicher Aufstieg verbunden ist. Zwar geben 53 Prozent der Fortbildungsabsolventen und

-absolventinnen an, Führungspositionen auszuüben, gegenüber 33 Prozent bei allen Befragten. Andererseits arbeiten nur 40 Prozent an einem Arbeitsplatz, der einen Fortbildungsabschluss voraussetzt. Lediglich 7 Prozent üben Tätigkeiten aus, die üblicherweise von Hochschulabsolventen und -absolventinnen wahrgenommen werden. Demgegenüber arbeitet etwa jede/-r Zweite an einem Arbeitsplatz, für den eine abgeschlossene Berufsausbildung ausreicht. Dem Fortbildungsabschluss kommt für die Teilnehmenden demnach oftmals die Funktion zu, den beruflichen Aufgaben besser nachzukommen, die berufliche Position zu stabilisieren und vor Arbeitslosigkeit zu sichern (ähnlich auch Götzhaber/Jablonka/Metje 2010, 5).

Ungeachtet der durch eine Reihe von Untersuchungen belegten Nutzeneffekte stagniert die Teilnehmerzahl in den Fortbildungsprüfungen seit Jahren, bei verschiedenen Abschlüssen ist sie sogar rückläufig (BIBB 2012, 308). Dies ist auch insofern erstaunlich, als die Förderbedingungen im Rahmen des Aufstiegsfortbildungsförderungsgesetzes (AFBG) in den vergangenen Jahren ausgeweitet und verbessert worden sind. Anders als bei den Teilnehmenden an anerkannten Prüfungen ist die Zahl der geförderten Personen deutlich angestiegen. Sie hat sich in der ersten Dekade des Jahrtausends nahezu verdreifacht (BIBB 2012, 345).

Angesichts der deutlich gestiegenen Übergänge in ein Hochschulstudium ist für die Zukunft von einem verstärkten Wettbewerb zwischen Absolventinnen und Absolventen mit einem Fortbildungsabschluss und solchen mit einem Bachelorabschluss auf dem Arbeitsmarkt auszugehen. Es ist durchaus offen, inwieweit es den Hochschulabsolventinnen und -absolventen gelingen kann, in Arbeitssegmente einzudringen und für sich zu besetzten, die bislang eine Domäne von Fortbildungsabsolventinnen und -absolventen gewesen sind. Dies gilt aufgrund des Meisterprivilegs insbesondere für das Handwerk, aber auch für weite Teile des Mittelstands. Würde es indessen mittelfristig zu einer zumindest partiellen Verdrängung von beruflich qualifizierten Mitarbeiterinnen und Mitarbeitern durch solche mit einem Hochschulabschluss kommen, wäre dies vermutlich mit geringer werdenden Aufstiegs- und Karrieremöglichkeiten für die Absolventinnen und Absolventen einer anerkannten Fortbildung verbunden.

Perspektiven für die Weiterbildungspolitik

Die öffentliche Hand als wichtiger Akteur und Financier beruflicher Weiterbildung muss ein Interesse daran haben, dass die von ihr initiierten, verantworteten und/ oder finanzierten Weiterbildungsmaßnahmen erfolgreich und wirksam sind.

- Anzuregen sind regelmäßige Evaluationen und Wirkungskontrollen von Programmen und Maßnahmen der Weiterbildungspolitik im Hinblick auf die erzielten Wirkungen und Ergebnisse (outcomes), die erreichten Zielgruppen und Nutznießer sowie das Verhältnis von Aufwand und Nutzen.

- Im Sinne einer optimalen Allokation von Ressourcen muss es darum gehen, Nettoeffekte zu identifizieren. Mit anderen Worten: Mitnahmeeffekte bei Empfängern und Empfängerinnen von Fördermitteln sind zu berücksichtigen und in Abzug zu bringen. Da von den Programmen erfahrungsgemäß solche Personen oder Unternehmen in besonderem Maße profitieren, die ohnehin für Weiterbildung aufgeschlossen sind und zum Teil auch finanziell in der Lage wären, die Kosten zu tragen, dürften die Mitnahmeeffekte nicht unerheblich sein.
- Hilfreich für die Gewinnung von Entscheidern in Unternehmen könnte es sein, wenn es gelänge, praktikable Instrumente und Verfahren zur Wirkungsfeststellung in der beruflichen Praxis zu entwickeln und deren Einsatz zu kommunizieren.

Perspektiven für die Weiterbildungsforschung

Forschung kann dazu beitragen, die Wirkung von Weiterbildung festzustellen und Instrumente für die Wirkungsmessung bereitzustellen.

- In der Wissenschaft ist der Entwicklung von Methoden und Instrumenten zur Evaluation der beruflichen Weiterbildung und zur Feststellung von Ergebnissen und Erfolg von Weiterbildungsmaßnahmen stärkere Beachtung zu schenken.
- Die Grundlage hierfür müssten Initiativen und staatliche Förderprogramme für die Entwicklung einer empirisch fundierten Wirkungsforschung, die sich sowohl auf individuelle Wissens- und Kompetenzerweiterung als auch auf Arbeitsmarkteffekte beziehen sollte, legen. Dabei empfiehlt sich eine Fokussierung auf länger dauernde Fortbildungsmaßnahmen, zum Beispiel in der Aufstiegsfortbildung und Nachqualifizierung, oder einzelne Förderprogramme und Förderinstrumente.
- Zu den Aufstiegs- und Karrierewegen von Absolventinnen und Absolventen mit anerkannten Fortbildungsabschlüssen müssten empirisch belastbare Befunde zu den tatsächlich realisierten Positionen vorgelegt werden, ebenso zum Wettbewerb mit Bachelor- und Masterabsolventen bei der Besetzung von Positionen mit qualifizierten Fachaufgaben oder Führungspositionen.
- Den Gründen für die stagnierende und zum Teil rückläufige Zahl von Teilnehmenden in den Prüfungen der anerkannten Fortbildung sollte gezielt nachgegangen werden. Die zahlenmäßige Entwicklung kontrastiert mit den verbesserten Förderbedingungen wie auch den Befunden zum beruflichen Nutzen für die Absolventen.

2.2.2 Transparenz über Qualität und Qualitätsmanagementsysteme

Teilnehmer/-innen an beruflicher Weiterbildung wie auch ihre Auftraggeber und Förderer haben ein Interesse daran, dass die von Bildungsträgern zugesagten Leistungen eingelöst werden und Lernprozesse erfolgreich sind. Qualität von Bildungsprozessen respektive beruflicher Weiterbildung lässt sich indessen nicht einfach bestimmen, denn Qualitätsziele sind vielfach mehrdeutig, und sie werden von unterschiedlichen Akteuren unterschiedlich definiert und interpretiert. Hinzu kommt, dass es keine eindeutigen Zusammenhänge zwischen den einzelnen Elementen der Prozesskette, also beispielsweise zwischen bestimmten Inputfaktoren, der Gestaltung des Lernprozesses und dem Output bzw. Outcome, gibt. Schließlich hängen die erzielten Lernergebnisse nicht allein von den Leistungen des Bildungspersonals und der Bildungsanbieter ab, sondern auch von den Rahmenbedingungen, unter denen Weiterbildung stattfindet, sowie von der Mitwirkung der Lernenden selbst. Daraus zieht Euler (2005, 15) den Schluss, dass Qualitätsziele argumentativ begründet werden müssen und über Qualität in einem sozialen Prozess unter Einbeziehung unterschiedlicher Akteure entschieden werden muss. Für die Forschung bedeutet dies, dass unterschiedliche Perspektiven einbezogen werden müssen.

Vielfalt der Verfahren und Systeme

Die Qualitätsdebatte der letzten Jahre wurde vor allem durch die Frage geprägt, mit welchen Strategien, Konzepten und Instrumenten Qualität gesichert und entwickelt werden kann. Gute Weiterbildung verlässlich sicherzustellen und nachzuweisen sowie fortlaufend weiterzuentwickeln ist Ziel der Qualitätssicherung. Damit ist der Anspruch einer kontinuierlichen Optimierung von Prozessen, Produkten und Dienstleistungen verbunden (Scheib/Windelband/Spöttl 2009, 24).

Verfahren der Qualitätssicherung haben sich in der Weiterbildung auf der Grundlage von Qualitätsmanagementsystemen etabliert, die aus der Industrie entlehnt und teilweise für den Bildungsbereich angepasst worden sind. Damit wurden in dem insgesamt wenig geregelten Weiterbildungsbereich Selbst- und Marktsteuerungsmechanismen aktiviert, die regulative Funktionen auf die Steuerungsebene des Marktes verlagern, aber oft pragmatisch verengt vorgehen und zu wenig an wissenschaftlich ausgewiesenen Qualitätsstandards für die Gestaltung von Weiterbildungsprozessen und deren Outcomes orientiert sind.

Rund 85 Prozent aller Anbieter verfügen mittlerweile über eine formale Anerkennung einer öffentlichen Stelle oder einer privaten Organisation (WBmonitor 2010), drei Viertel davon können auf zwei oder mehrere Anerkennungen verweisen. War die Umsetzung derartiger Managementsysteme und die externe Zertifizierung Ende der 1990er-Jahre noch ein Nachweis der Bildungsträger für ausgeprägtes Qualitätsverständnis und versprach einen Marktvorteil, so ist zertifizierte Qualität binnen weniger Jahre zur Voraussetzung für die Marktfähigkeit der Bildungsträger geworden. Inzwischen existieren eine Reihe von meist regionalen Qualitätsverbünden, Zertifizierungsverfahren und Qualitätssiegeln nebeneinander (vgl. die Übersicht in Töpper/Kalman 2010). Beispiele sind

- Qualitätsentwicklungssystem – QESplus,
- Qualitätssiegel des Dachverbands der Weiterbildungsorganisationen – DVWO,
- Prüfsiegel des Vereins Weiterbildung Hessen e.V.,
- Qualitätsentwicklung im Verbund von Bildungseinrichtungen – QVB,
- Bildungs-Qualitäts-Management – BQM,
- Gütesiegelverbund Weiterbildung,
- Lernerorientierte Qualitätstestierung in der Weiterbildung – LQW
- internationale Norm für die Aus- und Weiterbildung – DIN ISO 29990.

Neben den normierten Qualitätsmanagementsystemen gibt es Instrumente, um Verbrauchern Hinweise bei der Prüfung der Qualität von Anbietern und Angeboten zu geben. Zu nennen sind hier insbesondere die Checkliste „Qualität beruflicher Weiterbildung" des BIBB sowie die exemplarisch durchgeführten Weiterbildungstests der Stiftung Warentest (Kösters 2008).

Infolge der „Hartz-Reform" (Gesetze über moderne Dienstleistungen am Arbeitsmarkt) wurde unter anderem die Anerkennungs- und Zulassungsverordnung Weiterbildung (AZWV) entwickelt und Mitte 2004 in Kraft gesetzt. Sie wurde 2012 zur Akkreditierungs- und Zulassungsverordnung Arbeitsförderung (AZAV) weiterentwickelt. Damit wurde ein Standard gesetzt, der nachhaltige Auswirkungen für alle Teilmärkte der Weiterbildung hatte. Erstmals wurden an ein Qualitätsmanagement angelehnte Kriterien verbindlich formuliert und geprüft. Die Anerkennung nach AZWV nimmt mit einem Anteil von 43 Prozent eine Spitzenstellung bei den Bildungsträgern ein (WBmonitor 2010), weil sie eine Zulassungsvoraussetzung für die Beteiligung an Ausschreibungen von Weiterbildungsmaßnahmen der Bundesagentur für Arbeit darstellt.

Staatliche Förderungen, wie etwa das Meister-BAföG (nach AFBG), werden mittlerweile an die Erfüllung von Qualitätsanforderungen geknüpft, ohne diese allerdings zu konkretisieren. Dem liegt die Überzeugung zugrunde, dass sich die Bildungsträger auch mittelfristig kaum auf die Nutzung eines einzigen Qualitätsmodells einigen werden. Töpper und Kalman (2010) haben die am weitesten verbreiteten Modelle einem synoptischen Vergleich unterzogen. Anhand von Kriterien wurden Gemeinsamkeiten und Unterschiede der Modelle herausgearbeitet. Im Ergebnis ergab sich ein Ranking zwischen den Modellen. Indem eine Niveauuntergrenze gesetzt wird, ist es möglich, jene Systeme zu benennen, die im Rahmen eines Förderprogramms anerkannt werden können.

Auch die Bundesländer sind dazu übergegangen, ihre Förderung vom Nachweis der Anwendung eines Qualitätssicherungsverfahrens abhängig zu machen, allerdings mit unterschiedlichen Ansätzen. In einigen Bundesländern ist es für die staatliche

Anerkennung von Bildungsdienstleistern eine Grundvoraussetzung, dass diese ihre Qualität durch die Nutzung von geeigneten, aber nicht vorgegebenen Qualitätssicherungssystemen nachweisen. Zwei Bundesländer, das Saarland und Sachsen, verlangen die Anwendung bestimmter Modelle. Hierzu zählen in Sachsen LQW und/oder QESplus. Im Saarland wird die Nutzung eines prozessorientierten Qualitätsmanagementsystems gemäß der Normenreihe EN ISO 9001 verlangt. In Niedersachsen werden die Träger verpflichtet, ihre Bildungsarbeit extern evaluieren zu lassen. In Bremen wird gefordert, ein entwicklungsorientiertes Qualitätsmanagementsystem schriftlich zu dokumentieren und extern begutachten zu lassen. Während in einigen Ländern der Teilnehmerschutz eine Anerkennungsvoraussetzung ist, bleibt dieser Aspekt in anderen Ländern weitgehend unberücksichtigt.

Ein uneinheitliches Qualitätsverständnis und pluralistische Strukturen in der Weiterbildung wirken sich ebenso auf die Praxis der Qualitätssicherung aus wie die Heterogenität in den Trägerstrukturen. Dabei liegt es nahe, dass auch Kostenerwägungen die Wahl einer Qualitätsstrategie beeinflussen. Gleichzeitig haben sich die Qualitätssicherungssysteme in ihren unterschiedlichen Referenzrahmen sehr stark ausdifferenziert. Die gegenwärtige Situation ist durch die Anwendung einer Vielzahl von unterschiedlichen, kaum noch zu überschauenden Managementsystemen, Normen, Standards oder Gütesiegeln geprägt. Die Intransparenz der Angebote in der Weiterbildung wird ergänzt durch die Unübersichtlichkeit der Qualitätsnachweise (Wilbers 2008, 11; Meisel 2008, 117).

Angesichts unterschiedlicher Verfahren und Kriterien in unterschiedlichen Teilmärkten sind Klarheit und eine Vereinheitlichung der Zertifizierungskriterien und -maßstäbe anzustreben. Daran haben namentlich die Bildungsanbieter selbst ein hohes Interesse. So halten 75 Prozent Qualitätssicherungssysteme grundsätzlich für sinnvoll, die Anzahl der Modelle aber für zu hoch (WBmonitor 2010). Der Regulationsmechanismus des Marktes allein wird die Transparenz der Qualitätssicherungsverfahren nicht erhöhen. Damit wird die seit Beginn der Einführung von Qualitätsmanagement in der Weiterbildung aufgeworfene Frage nach einem einheitlichen, systemweiten und Bildungszielen verpflichteten Standard für Qualitätssicherung virulent. Zumindest für die diversen staatlichen Normen auf Landes- und Bundesebene zur Anerkennung und Zulassung könnten Angleichungen angestrebt werden. Aus einer Analyse der bestehenden Regelungen können Erkenntnisse gewonnen werden, wie eine Harmonisierung bzw. Niveauangleichung erzielt werden könnte. Dies böte auch eine gute Voraussetzung, um dem Ziel der Entwicklung eines europäisch abgestimmten und für alle Akteure verbindlichen Modells der Qualitätssicherung zur Förderung von Durchlässigkeit und Mobilität nachkommen zu können.

Einbettung in eine europäische Qualitätsstrategie

Ein weiterer Qualitätstreiber ergibt sich aus dem bildungs- und arbeitsmarktpoliti-schen Ziel, einen europäischen Bildungsraum zu schaffen. So soll die Empfehlung des Europäischen Parlaments und Rats vom Juni 2009 für den Europäischen Bezugs-rahmen zur Qualitätssicherung in der beruflichen Aus- und Weiterbildung (EQARF) mithilfe eines europäischen Netzwerks zur Qualitätssicherung in der Aus- und Wei-terbildung (EQAVET) und nationaler Referenzstellen (in Deutschland DEQA-VET beim BIBB) etabliert werden. Der europäische Qualitätsrahmen hat die Funktion, den Qualifikationsrahmen abzusichern (EQF), um so „gegenseitiges Vertrauen, Transpa-renz und Anerkennung von Kompetenzen und Qualifikationen zu fördern" (CEDEFOP 2007, 1). Damit sollen Voraussetzungen für erhöhte Mobilität, Durchlässigkeit und einen besseren Zugang zu lebensbegleitendem Lernen geschaffen werden.

Die europäische Qualitätsstrategie stützt sich auf zwei Säulen: einem Indikato-renset und einem zyklischen Prozessmodell von Planung, Umsetzung, Evaluation, das mit Qualitätskriterien hinterlegt und einer externen Prüfung gekoppelt ist. Ziel ist es, Qualitätssicherung auf allen Niveaustufen des EQR zu gewährleisten und Qua-litätssicherung systemweit und -übergreifend zu installieren (Empfehlung, 2009a).

Während im Zusammenhang der Schaffung eines europäischen Bildungsraums ein notwendiger Zusammenhang zwischen EQF, EQAVET und Leistungspunkten (ECVET) herausgestellt wird, spielen Fragen der Qualitätssicherung in der deutschen Diskussion bei der Schaffung des Deutschen Qualifikationsrahmens (DQR) bisher noch eine eher geringe Rolle. Betont wird lediglich, dass durch Qualitätssicherung und -entwicklung „Verlässlichkeit" bei der Vergleichbarkeit der Qualifikationen er-reicht werden müsse (AK DQR 2011), ohne dass sich bisher eine Einigung auf ein übergreifendes Modell der Qualitätssicherung abzeichnet.

Damit stellt sich auch im Kontext des DQR die Frage, ob und wie sich das Be-rufsbildungssystem insgesamt aufstellen muss, um eine gesicherte Qualität durch ein kohärentes Modell zu gewährleisten. Ein Vergleich der Qualitätssicherungssys-teme in der beruflichen Bildung und an den Hochschulen hat ergeben, dass beide Bildungssysteme ähnliche Mechanismen und Modelle auf der Ebene der Bildungs-einrichtungen nutzen, allerdings eine Vergleichbarkeit aufgrund unterschiedlicher Gegenstände (Bildungsziele) nicht gegeben ist. Als eine Schwachstelle wurde iden-tifiziert, dass in keinem der Systeme der Kreislaufgedanke des zyklischen Prozess-modells etabliert ist (CHE/Prognos 2009, 111 ff.).

Insbesondere bei der Verbesserung der Durchlässigkeit innerhalb der beruf-lichen Bildung sowie der Durchlässigkeit zur hochschulischen Bildung zeichnet sich ab, dass vor allem Abschlüsse – als geprüfte Nachweise erworbener Kompetenzen – eine verlässliche Qualität aufweisen müssen. Qualitätssicherung kann sich hierbei nicht allein auf die organisationale Ebene der Bildungsträger beziehen und muss den Outcome, also die erzielten Lernergebnisse, in den Mittelpunkt stellen (CHE/Prognos 2009, 15). Damit geraten auf der Systemebene die Prüfungen und deren Träger – vor allem also die Kammern als die für die Durchführung der Fortbildungsprüfungen zuständigen Stellen – in den Blickpunkt. Fraglich ist, ob es ausreicht, dass die zuständigen Stellen auf freiwilliger Basis ein Qualitätsmanagementsystem installieren. Diese mittlerweile vielfach etablierte Praxis bei den Kammern sollte in einen bundesweit gültigen Referenzrahmen der Qualitätssicherung eingebunden werden, der sowohl Qualitätskriterien als auch ein Verfahren der regelmäßigen externen Evaluation definiert. Zudem bietet es sich an, die regionalen Berufsbildungsausschüsse, zu deren Aufgaben nach dem Berufsbildungsgesetz auch die Qualitätssicherung der beruflichen Bildung gehört, in das Verfahren der Evaluation einzubinden. Modelle der Qualitätssicherung für Kompetenzfeststellungen gewinnen auch angesichts der zunehmenden Anerkennung von informellem Lernen an Bedeutung, wenn dieses in zertifizierte Qualifizierungen münden soll.

Akkreditierungsverfahren in der Aufstiegsfortbildung

Modelle zur Qualitätssicherung gewinnen insbesondere bei der Aufstiegsfortbildung an Bedeutung. Analysen zeigen, dass Absolventinnen und Absolventen mit einem Fortbildungsabschluss in KMU ähnliche Aufgaben wahrnehmen wie Hochschulabsolventen/Hochschulabsolventinnen und beide Gruppen vergleichbare Kompetenzprofile aufweisen (FBH/WHKT/FOM 2007). Allerdings bezieht sich dieser Vergleich lediglich auf die Inhaber/-innen entsprechender Führungsfunktionen. Damit bestätigt die Studie zwar die kompetenzmäßige Überlappung beider Abschlüsse, sagt aber nichts aus über den Umfang der Gemeinsamkeiten bei allen Absolventen und Absolventinnen einer Fortbildung bzw. eines Studiums. Vielmehr gibt es sehr unterschiedliche Maßstäbe und Verfahren bei Qualitätssicherungssystemen im Bereich der Aufstiegsfortbildung und der Hochschulen (CHE/Prognos 2009). Auf der einen Seite steht die Ausrichtung auf das Beschäftigungssystem und eine rechtliche Absicherung des Ordnungsrahmens im Berufsbildungsgesetz, auf der anderen Seite steht die Ausrichtung auf das Bezugssystem der Wissenschaft und eine Akkreditierung der Studiengänge.

Bislang kann im Prinzip jeder Bildungsanbieter Kurse zur Vorbereitung auf eine anerkannte Fortbildungsprüfung anbieten. Er muss lediglich, sofern er Teilnehmer gewinnen will, die eine Förderung nach dem AFBG erhalten wollen, die Anwendung eines Qualitätssicherungssystems nachweisen. Qualitätsgesichert ist bislang vor allem die Entwicklung von Rechtsverordnungen in einem geregelten und durch Forschung unterstützten Verfahren. Gleiches gilt für die Gestaltung der Prüfungen. Die entsprechenden Regelungen im BBiG sowie die Verfahren unterscheiden sich jedoch von denen, die bei der Akkreditierung von Studiengängen angewandt werden. Die Gleichwertigkeit der Fortbildungsabschlüsse mit hochschulischen Abschlüssen macht jedoch vergleichbare Verfahren der Qualitätssicherung erforderlich. Wirtschafts- und Kultusministerkonferenz haben deshalb in einer Stellungnahme zu Bachelor- und Masterabschlüssen in der beruflichen Weiterbildung ein „geeignetes Qualitätssicherungssystem" gefordert, um ein bundesweit einheitlich hohes Niveau der Fortbildungsabschlüsse sicherzustellen (KMK 2009).

Vor diesem Hintergrund hat sich eine Arbeitsgruppe des DGB gebildet, die dazu weitreichende Vorschläge entwickelt hat (Nehls 2009). Vorgeschlagen wird eine Akkreditierung von Rechtsverordnungen zu anerkannten Fortbildungsabschlüssen, von Prüfungseinrichtungen und Lehrgängen im Bereich der beruflichen Aufstiegsfortbildung. Dazu soll ein Akkreditierungsrat gebildet werden, dem Vertreter der Sozialpartner, des Bundes und der Hochschulen angehören sollen (Nehls 2009). Zur Akkreditierung von Lehrgängen ist die Bildung von Akkreditierungskommissionen durch den Akkreditierungsrat vorgesehen.

Gegen die Umsetzung dieser weitreichenden Vorschläge spricht, dass sich die Qualitätssicherungsinstrumente im Bereich der Aufstiegsfortbildung bewährt haben. Eine Untersuchung der Prüfungsbestimmungen von Fortbildungsordnungen kommt zu dem Ergebnis, dass in der Prüfungspraxis (Gideon 2012) ein dichter und solide organisierter Prozess von Prüfungsbestimmungen und Prüfungspraxis existiert, der mit einem hohen Engagement, Verantwortungsbewusstsein und Kompetenz durchgeführt wird. Gleichwohl ergeben sich Ansatzpunkte für eine Weiterentwicklung der Qualität. So wird beispielsweise die Organisation eines wirksamen Feedbacks zwischen Prüfern und Kammern vorgeschlagen, ebenso eine Anerkennung und Professionalisierung der Prüfertätigkeit sowie die Evaluation einzelner Prüfungsinstrumente.

Perspektiven für die Weiterbildungspolitik

Die Qualitätssicherung stellt ein politisch höchst sensibles Handlungsfeld dar. Dies kann aber kein Argument sein, auf eine Gestaltung zu verzichten. Eher ist dies ein Hinweis auf die Notwendigkeit eines Dialoges mit den relevanten Akteuren.

- Bildungsanbieter sehen sich, wenn sie in unterschiedlichen Teilmärkten agieren, unterschiedlichen Qualitätsanforderungen ausgesetzt. Dies gilt namentlich auch für die öffentlich finanzierte Weiterbildung. Schritte in Richtung gemeinsamer Standards würden die Orientierung der Bildungsanbieter erleichtern und die Akzeptanz entsprechender Verfahren erhöhen. Sinnvoller als weitere Verfeinerungen von Testierungsverfahren wäre es deshalb, über die verschiedenen Systeme hinweg gemeinsame Leitkonzepte zu entwickeln und verbindlich zu machen.

- Der europäische Prozess zur Schaffung eines gemeinsamen Bildungsraumes fordert eine systemweite und -übergreifende Sicherung der Qualität der erworbenen Kompetenzen und Qualifikationen. Für die berufliche Bildung werden damit die Entwicklung eines Qualitätsrahmens sowie eine verlässliche Zertifizierung der Qualitätssicherungssysteme erforderlich. Diese Aufgabe ist bislang erst in Ansätzen geleistet worden.

Perspektiven für die Weiterbildungsforschung

Die Datenbasis zu Fragen der Qualität und des Qualitätsmanagements ist als recht dürftig anzusehen. Empirische Forschung ist erforderlich um diesen Bereich zu durchleuchten und entscheidungsrelevante Daten zu generieren.

- Klagen über eine mangelnde Qualität der Weiterbildung beschränken sich zumeist auf einzelne Teilbereiche oder einzelne Seminare und Anbieter. Daraus kann aber nicht geschlossen werden, dass es mit der Qualität der beruflichen Weiterbildung insgesamt gut bestellt ist. Es fehlen empirische Studien, die auf der Basis grundlegender Indikatoren eine fundierte Einschätzung der Qualität in unterschiedlichen Segmenten des Weiterbildungsmarktes zulassen.
- Über die Wirkung der Qualitätssicherungssysteme in der Bildungspraxis ist wenig bekannt. Insbesondere ist unklar, inwieweit die verschiedenen Systeme über die Steuerung von Prozessen hinaus sich auch in der Qualität des Lehrens und Lernens sowie der Lernergebnisse niederschlagen. Notwendig wären deshalb Studien, die auf den Wirkungsebenen des Systems der beruflichen Bildung, der Organisationen und der Lehr-/Lernprozesse die Effekte von Qualitätsmanagement untersuchen.
- Für die betriebliche Weiterbildung gibt es keine spezifischen Qualitätssicherungssysteme zur Weiterbildung. Das Qualitätsmanagement der betrieblichen Aus- und Weiterbildung ist vielmehr eingebettet in generelle Qualitätsmanagementsysteme. Diese erfassen zumeist nur formalisiertes Lernen. Um den Besonderheiten des arbeitsintegrierten Lernens Rechnung zu tragen, müssten spezifische QM-Verfahren entwickelt und erprobt werden.

2.2.3 Professionalisierung des Weiterbildungspersonals

Beschäftigungs- und Einkommenssituation

Beim Weiterbildungspersonal handelt es sich um eine zahlenmäßig große, zugleich aber auch außerordentlich heterogene und fluide Gruppe. Einer Studie aus dem Jahr 2005 (WSF 2005) zufolge lag die Zahl der Erwerbstätigen in diesem Bereich bei rund einer Million Personen. Darunter standen aber nur rund 14 Prozent in einem sozialversicherungspflichtigen Beschäftigungsverhältnis, die meisten arbeiteten entweder als Selbstständige, nebenamtlich auf Honorarbasis oder ehrenamtlich. In dem Maße, in dem die Weiterbildung expandiert oder schrumpft, steigt oder sinkt die Zahl der Erwerbstätigen in diesem Segment, kommt es zu Wechseln aus unbefristeter Beschäftigung in berufliche Selbstständigkeit und umgekehrt, werden nebenamtlich Lehrende auf Honorarbasis eingesetzt oder nicht. Eine klare und im Zeitverlauf konstante Abgrenzung des Personenkreises ist auch deshalb kaum möglich, weil die Anteile von Fach- und Bildungsaufgaben schwanken und das Weiterbildungspersonal oftmals auch in anderen Bildungsbereichen – etwa in der Ausbildung oder an Hochschulen – aktiv ist. Dies schränkt die Möglichkeiten einer genauen empirischen Erfassung ein.

Die Beschäftigung verteilt sich auf unterschiedliche Branchen und Teilmärkte. So ist Weiterbildungspersonal unter anderem in der betrieblichen Personal- und Organisationsentwicklung, bei Unternehmensberatungen und Bildungsdienstleistern, in Maßnahmen der aktiven Arbeitsmarktpolitik, der Erwachsenenbildung, in der Weiterbildungsberatung, der Rehabilitation oder auch bei Mediendienstleistern tätig.

Am besten dokumentiert ist die Beschäftigungssituation im Bereich der Volkshochschulen. Die jährliche Statistik weist die Zahl der hauptberuflich und neben- bzw. freiberuflich Tätigen aus. Danach standen im Jahr 2010 4.100 hauptberuflich pädagogisch Mitarbeitenden oder in der Leitung Tätigen rund 192.000 freie Mitarbeiter/-innen gegenüber, die auf Honorarbasis arbeiteten (Huntemann/Reichart 2011, 7 f.). Für die anderen Segmente liegen keine vergleichbaren Daten vor, es ist aber davon auszugehen, dass die Relationen hier ähnlich sind.

Für die Zukunft sagt die Arbeitsmarktprojektion von BIBB und IAB einen tendenziell ausgeglichenen Arbeitsmarkt für Lehrende voraus (Helmrich/Zika/Kalinowski/Wolter 2012, 8). Allerdings wird diese Projektion dominiert von den Lehrenden in anderen Bildungsbereichen und lässt daher keine eindeutigen Rückschlüsse auf das Weiterbildungspersonal zu. Immerhin ist es in diesem Segment bislang gelungen, relativ schnell neue Fachkräfte zu rekrutieren, sodass gravierende Fachkräfteengpässe in Zukunft eher unwahrscheinlich sind.

Die wirtschaftliche und soziale Lage des Personals in der Weiterbildung stellt sich als sehr differenziert dar. Dobischat, Fischell und Rosendahl (2009, 25) sprechen von einer „Polarisierung in den Beschäftigungsbedingungen wie auch -chancen zwischen den beiden Segmenten der allgemeinen und beruflichen/betrieblichen Weiterbildung". Beschäftigte in Unternehmen mit einem unbefristeten Arbeitsvertrag, ebenso Selbstständige im Bereich der betrieblichen Fortbildung, insbesondere der Fortbildung von Führungskräften, aber auch nebenamtlich Tätige können im Allgemeinen von einer vergleichsweise gesicherten Position und einem angemessenen Einkommen ausgehen. Demgegenüber stellt sich die Beschäftigungs- und Einkommenssituation für das Weiterbildungspersonal in anderen Segmenten, namentlich in den aufgrund des SGB geförderten Fortbildungsmaßnahmen und den Maßnahmen für Geringqualifizierte, zum Teil als unsicher und latent gefährdet dar (Dobischat/Fischell/Rosendahl 2009, 25). Dies gilt vor allem für jene, die auf Einkünfte aus Honoraren und Werkverträgen angewiesen sind und daraus ihren Lebensunterhalt bestreiten. Um ein ausreichendes und sicheres Einkommen zu erzielen, sind viele von ihnen darauf angewiesen, für mehrere Träger nebeneinander tätig zu sein.

Zur sozialen Absicherung ist von gewerkschaftlicher Seite die Forderung nach einem Mindestlohn für diese Beschäftigten erhoben worden. Mit dem Erlass einer Verordnung ist diese Forderung nunmehr umgesetzt und mit Wirkung zum 1. August 2012 ein Mindestlohn für die Beschäftigten im pädagogischen Bereich von Aus- und Weiterbildungsdienstleistungen nach dem Zweiten/Dritten Sozialgesetzbuch eingeführt worden. Die Bundesregierung geht davon aus, dass diese Regelung für etwa 30.000 Beschäftigte wirksam wird. Es wird zu beobachten sein, ob diese Regelung Bestand hat und welche Wirkungen von ihr ausgehen.

Heterogenes Aufgabenspektrum

Die Lehrtätigkeiten des Weiterbildungspersonals als zentrale Aufgabe haben sich im Zuge der Differenzierung und „Entgrenzung" der Weiterbildung gewandelt. Mit diesem Prozess verbunden ist eine Differenzierung der Aufgaben und Anforderungen, die an das Weiterbildungspersonal gestellt werden. Neben die Vorbereitung und Durchführung von Seminaren und Lehrgängen als dem Kern der Lehrtätigkeit sind weitere Aufgaben getreten. Beispiele sind die Lern- und Weiterbildungsberatung von Lernenden, die Diagnose von Lernproblemen und die Erstellung von Kompetenzprofilen, das Coaching, die tutorielle Begleitung von Lernenden, die Erstellung von medialen Lernprogrammen, die Prozessbegleitung von Arbeitsgruppen sowie die sozialpädagogische Betreuung. Von einem einigermaßen einheitlichen Berufsbild oder einem gemeinsamen Aufgabenverständnis der in diesem Bereich Tätigen als Grundlage für eine Professionalisierung kann daher keine Rede sein.

Auch die Lehraufgaben als traditioneller Kern der Lehrtätigkeit haben sich gewandelt. Neben der Vermittlung erfolgt, zumindest dem Anspruch nach, eine Verlagerung zugunsten der Gestaltung von Lernarrangements. Ziel ist es, ein stärker von den Lernenden selbst gesteuertes oder organisiertes Lernen zu organisieren. Der/Die Lehrende tritt als Inputgeber zurück, er/sie nimmt stattdessen die Rolle eines Lernbegleiters ein, der Lernprozesse ermöglicht, unterstützt und das Lernen in der Gruppe moderiert. Es ist allerdings eine offene Frage, inwieweit die Realität der Weiterbildung diesem Bild bereits entspricht.

Im Vordergrund der berufs- und erwachsenenpädagogischen Tätigkeit stehen für Faulhaber und Jersak (2010, 26) nicht nur ein domänenspezifisches Fachwissen, sondern eine pädagogische Prozesskompetenz. Diese vereint für sie „konzeptionelles, bildungswissenschaftliches Grundlagenwissen, didaktisches Konzeptions- und Planungswissen mit der Fähigkeit zur Strukturierung von Lerngelegenheiten sowie das Diagnostizieren, Prüfen und Bewerten" (Faulhaber/Jersak 2010, 26). Professionalität ist dabei für Gieseke (2010) keineswegs ein durch bestimmte formale Qualifikationen erreichter und dokumentierter Zustand, sondern eine situative Kompetenz, die sich immer wieder neu entwickeln und in wechselnden Situationen bewähren muss.

Die für die Tätigkeit des Weiterbildungspersonals kennzeichnenden wissensintensiven und reflexiven Kompetenzen werden üblicherweise im Rahmen eines Studiums erworben. Rund drei Viertel aller in diesem Feld Tätigen haben ein Hochschulstudium abgeschlossen (Kraft/Seitter/Kollewe 2009, 18). Im Trend der vergangenen Jahre ist von einer zunehmenden Akademisierung auszugehen. Gleichwohl sollten im Sinne der Durchlässigkeit und Gleichwertigkeit auch andere Zugangswege bestehen und offengehalten werden. Mit den bundeseinheitlich geregelten Fortbildungsabschlüssen zum Geprüften Aus- und Weiterbildungspädagogen sowie zum Berufspädagogen sind im Jahr 2009 Möglichkeiten einer Höherqualifizierung außerhalb der Hochschulen für Personal in der Aus- und Weiterbildung geschaffen worden.

Defizitäre Professionalisierung

Für die Qualität der Weiterbildung, sowohl der Prozesse wie auch der erzielten Lernergebnisse, ist die Qualifikation der Lehrenden, ihr Verhalten im Kontakt mit den Lernenden, ausschlaggebend. Es gibt darüber hinaus Anhaltspunkte, dass die Professionalität der Weiterbildung auch Einfluss auf die Weiterbildungsbeteiligung hat (Käpplinger/Lichte 2012, 379). Dies ist auch leicht nachvollziehbar, da qualifiziertes Weiterbildungspersonal und eine professionelle, das heißt hohen Standards gerecht werdende Weiterbildung vermutlich nicht nur zur weiteren Teilnahme motiviert, sondern auch eine höhere Akzeptanz von Weiterbildung in Unternehmen zur Folge hat.

Bezogen auf professionelle Standards sind mit der AEVO und der analogen Regelung in der Fortbildung zum Handwerksmeister/zur Handwerksmeisterin qualitative Mindeststandards gesetzt. Für den Bereich der Weiterbildung hat der Gesetz- und Verordnungsgeber darauf weitgehend verzichtet. Nur für die Beschäftigung hauptamtlichen Personals in der Erwachsenenbildung sowie die Beschäftigung von Lehrenden an Fachschulen sind qualitative Anforderungen an das pädagogische Personal formuliert. Zwar enthalten auch die AZWV bzw. AZAV qualitative Anforderungen für das Bildungspersonal, sie sind aber nicht einem bestimmten Standard verpflichtet. Es bleibt vielmehr den Trägern überlassen, die fachlichen und erwachsenenpädagogischen Anforderungen zu bestimmen bzw. ihre Mitarbeiterinnen und Mitarbeiter entsprechend fortzubilden.

Charakteristisch für viele Lehrende in der Weiterbildung ist ein Seiteneinstieg aus anderen, nicht primär erwachsenenpädagogisch geprägten Berufen oder Abschlüssen (Kraft/Seitter/Kollewe 2009, 18). Kompetenzen in der Lehre und bei der Wahrnehmung von Weiterbildungsaufgaben müssen somit begleitend angeeignet werden. Das Learning by Doing, der Erfahrungsgewinn durch den Erwerb beruflicher Praxis, scheint dabei die vorherrschende Form der erwachsenenpädagogischen Qualifizierung zu sein. Es wird ergänzt durch eher kurzzeitige Maßnahmen der Anpassungsfortbildung (Faßhauer/Hersak 2010, 25). Eine professionelle Qualifizierung, etwa durch eine anerkannte Fortbildung oder ein Aufbaustudium, ist indessen die Ausnahme. Während die Fortbildung bei hauptamtlich Beschäftigten häufig durch die Arbeitgeber unterstützt wird, erfolgt die Fortbildung von nebenamtlich tätigen Honorarkräften meist aus Eigeninitiative (WBmonitor 2008).

Studien zur beruflichen Situation des Weiterbildungspersonals kommen deshalb zu einem ernüchternden Fazit: Zwischen Anspruch und Realität der Professionalisierung klafft eine große Lücke (Fischell/Rosendahl 2012). Es fehlt weitgehend an einer systematischen oder kontinuierlich angelegten Aus- und Fortbildung. Es existieren zwar eine Vielzahl an Seminaren und Lehrgängen für Weiterbildungspersonal sowie Aufbaustudiengänge (Giesecke/Enoch/Lehmann 2010, 42 ff.), sie sind aber unsystematisch aufgebaut und haben keinen Bezug zueinander. Ihre Qualität und ihr Nutzen für die Teilnehmenden sind schwer einzuschätzen. „Es gibt bislang keine standardisierte, verbindliche Qualifizierung für Weiterbildner/-innen und auch keine Rahmenvereinbarungen oder Regelungen über Mindestanforderungen. Es existiert eine Vielzahl von ‚Zertifikaten' mit unterschiedlichem und v. a. schlecht einzuschätzendem Marktwert, die verschiedenen Abschlüsse sind kaum miteinander vergleichbar" (Kraft/Seitter/Kollewe 2009, 19).

Perspektiven für die Weiterbildungspolitik

Weiterbildungspolitik kann im Bereich der Qualifizierung des Weiterbildungspersonals überwiegend nur flankierend und unterstützend tätig sein. Angesichts der Heterogenität der Aufgaben des Bildungspersonals lassen sich verbindliche Standards für die Ausbildung und Berufsausübung nicht vertreten. Es wäre jedoch zu prüfen, ob – zusammen mit relevanten Akteurinnen und Akteuren – Anforderungen an die Professionalität und die Fortbildung des Weiterbildungspersonals entwickelt werden können, denen ein Empfehlungscharakter für die Weiterbildungsinstitutionen zukommt. Es ist davon auszugehen, dass sie Eingang in die Qualitätsmanagement- und Zertifizierungssysteme finden werden und somit praxiswirksam werden.

Da ein Großteil der Erwerbstätigen in der Weiterbildung ihre Kompetenzen im Zuge der beruflichen Praxis sowie durch einzelne Fortbildungsmaßnahmen, im Wesentlichen also auf nonformalem und informellem Wege, erworben hat, könnte ein derartiges Rahmenkonzept auch als Muster für die Anerkennung dieser Kompetenzen bzw. die Entwicklung modularer Weiterbildungsangebote dienen.

- Zusammen mit Hochschulen und Bildungsanbietern wäre daran zu arbeiten, Modelle einer gemeinsamen Fortbildung zu entwickeln. Die beruflichen Fortbildungsabschlüsse für das Weiterbildungspersonal wären dabei in entsprechende Studiengänge zu integrieren. Im Vordergrund sollten dabei berufsbegleitende oder berufsintegrierte Studiengänge stehen.
- Generell sollten sich die Hochschulen stärker in der Fortbildung des Bildungspersonals engagieren. Dazu sind berufsbegleitende Aufbaustudiengänge zu entwickeln oder auszubauen, die eine Zusatzqualifikation für Bildungspersonal in unterschiedlichen Funktionen vermitteln. An diesen sollten auch Personen ohne formale Studienberechtigung oder Studienabschluss teilnehmen können.

Perspektiven für die Weiterbildungsforschung

Das Personal in der Weiterbildung stellt eine für die Qualitätsentwicklung zentrale Größe dar. Forschung muss sich verstärkt dieser Gruppe, ihren Aufgaben, Arbeitsbedingungen und Qualifizierungsformen zuwenden.

- Untersuchungen können Aufschluss geben über die Berufs- und Tätigkeitsfelder, die Aufgaben und die Stellung des Weiterbildungspersonals, ihre Qualifikationen und Qualifizierungsformen; auf dieser Grundlage sind Aufgabenfelder zu identifizieren und eine Typisierung von Berufsrollen vorzunehmen, um zielgruppenspezifische Empfehlungen für die Professionalisierung ableiten zu können.
- Forschungsbedarf besteht zum Lehrverhalten in der Weiterbildung und der Interaktion mit den Lernenden in unterschiedlichen Handlungssituationen. Namentlich wäre der Frage nachzugehen, inwieweit berufliche Lernprozesse dem Leitbild der Selbstorganisation gerecht werden.
- Auch wird zu beobachten sein, wie die Regelung zum Mindestlohn in der Weiterbildungsbranche greift und welche Wirkungen davon ausgehen.
- Mit der bundeseinheitlich geregelten Fortbildung zum Geprüften Aus- und Weiterbildungspädagogen und zum Berufspädagogen wurden vorhandene regionale Qualifizierungskonzepte aufgegriffen und auf eine breitere Grundlage gestellt. Es ist noch offen, wie diese Fortbildungsabschlüsse sich durchsetzen, welche Perspektiven sie in der beruflichen Praxis bieten und inwieweit sie sich gegen entsprechende Hochschulabschlüsse durchsetzen. Eine Evaluation könnte dazu geeignete Befunde bereitstellen.

2.2.4 Referenzrahmen für Zertifikate und Abschlüsse

Geringer Formalisierungsgrad von Zertifikaten

Nicht allein die Verfügung über berufliche Kompetenzen, sondern erst ihre verlässliche und verbindliche Dokumentation öffnet weiterführende Bildungsgänge und nachhaltige Beschäftigungschancen auf dem Arbeitsmarkt. Standardisierte Zertifikate sind die harte Währung des Bildungs- wie des Beschäftigungssystems. Zertifikate erfüllen für Arbeitgeber eine Orientierungsfunktion bei Personalentscheidungen. Sie zeigen nicht nur Erwartungen von Bewerbern oder Beschäftigten auf bestimmte Niveaus der Position und des Entgelts an, sondern werden zugleich als Prognose für die Bewährung eines Aspiranten/einer Aspirantin auf der zu besetzenden Position gelesen. Sie gelten nicht nur als Nachweis eines einmaligen Prüfungserfolgs, sondern sollen zugleich eine überdauernde Kompetenz widerspiegeln, die durch die Lehrgangsdauer, ein Curriculum oder die Beschreibung eines Qualifikationsprofils im Zeugnis repräsentiert wird (Kell 1982, 291). Das im Zertifikat bescheinigte bzw. benotete Leistungsniveau wird damit über den rein fachlichen Bereich hinaus als Dokumentation der Fähigkeit eines Bewerbers/einer Bewerberin verstanden, Leistungsanforderungen zu bewältigen (Clement 2006; Konietzka 2004, 280).

Im deutschen beruflichen Bildungssystem besteht eine Dichotomie, die in den meisten anderen europäischen Staaten so ausgeprägt nicht zu konstatieren ist: Die Lernleistungen der beruflichen Erstausbildung werden – formalisiert und weitgehend standardisiert – geprüft und dokumentiert. Lernleistungen der beruflichen Weiterbildung hingegen werden nur in geringem Umfang und dann nur selten mit Bezug auf Standards zertifiziert, die eine Bewertung der Lernleistungen ermöglichen würden (Autorengruppe Bildungsberichterstattung 2012, 152 ff.; Bouder et al. 2001, 201).

Diese Dichotomie ist zum einen auf die institutionelle Scheidung der Träger der Erstausbildung und der Weiterbildung zurückzuführen. Weder die Universitäten noch die Berufsschulen spielen in der beruflichen Weiterbildung eine wesentliche Rolle, und auch in Unternehmen sind die Zuständigkeiten für Ausbildung und Weiterbildung/Personalentwicklung oftmals getrennt. Die geringe Formalisierung und Standardisierung von Weiterbildungszertifikaten ist auch darauf zurückzuführen, dass die Nachfrage nach der Dokumentation von Lernleistungen in der Weiterbildung gering war, solange das formale Bildungssystem die wesentlichen qualifikatorischen Voraussetzungen für Lebensberufe schaffen konnte. Auch schien der Nachweis von Erfahrungslernen bei einem dualen System der Berufsausbildung, das das Lernen aus der Praxis bereits einschließt, nicht vordringlich.

Nur der geringste Teil der Weiterbildung entfällt auf Maßnahmen, die standardisierte Abschlüsse vermitteln oder darauf bezogen sind. Einer Ausrichtung an Zertifizierungsstandards stehen die Zersplitterung des Marktes und der Wettbewerb der Bildungsträger entgegen. Die überwiegende Zahl der Weiterbildungszertifikate ist eng an einzelne Bildungsträger mit begrenzter regionaler und sektoraler Reichweite gebunden. Das ist weniger problematisch in den großen Bereichen der beruflichen Weiterbildung, in denen es um bloße Anpassungsqualifizierungen, Herstellerschulungen und kurze Kurse geht.

Es führt aber zu Einschränkungen der Verwertbarkeit der beruflichen Weiterbildung, wenn das individuelle, betriebliche oder arbeitsmarktpolitische Interesse über Anpassungsqualifizierungen hinausgeht. Ohne eine für Dritte nachvollziehbare Dokumentation und Zertifizierung von Weiterbildungsleistungen bleiben die berufliche Mobilität auf dem Arbeitsmarkt und der Zugang zu weiterführenden Bildungsgängen eingeschränkt (Geldermann et al. 2008, 63 ff.; BBT 2007).

Vielfalt von Zertifikaten in der Weiterbildung

Das Zertifikatswesen der Bildungsanbieter umfasst ein breites Spektrum qualitativ sehr unterschiedlich aussagekräftiger und unterschiedlich weitverbreiteter und bekannter Zertifikate. Diese Zertifikate lassen sich nach ihrer Verwertbarkeit auf dem Arbeitsmarkt unterscheiden. Danach finden sich folgende Typen von Weiterbildungszertifikaten:

- Das gesetzlich verankerte Instrument der Anerkennung von in der formalen Weiterbildung oder informell erworbenen Kompetenzen ist die Externenprüfung nach § 45 Abs. 2 BBiG/§ 37 Abs. 2 HwO. Danach kann zu der regulären Abschlussprüfung zugelassen werden, wer eine berufliche Tätigkeit nachweist, die über das Anderthalbfache der regulären Ausbildungsdauer hinausgeht. Sowohl die Gestaltung der Prüfung als auch die vorzulegenden Nachweise orientieren sich stark an der regulären Ausbildung. Auch beruflich kompetente Personen sind der Prüfungssituation häufig nicht gewachsen. Die Zulassungspraxis zu und die Nachfrage nach Externenprüfungen sind zudem stark von jeweils spezifischen örtlichen Gegebenheiten abhängig (Geldermann et al. 2009, 107).
- Ein immer noch enger Bezug zu Berufsabschlüssen ist auch bei der Aufstiegsfortbildung nach §§ 53 und 54 BBiG gegeben. Auch besteht eine Vielzahl von Kammerregelungen, die sich häufig überschneiden, bei denen vielfach keine oder nur wenige Prüfungen stattfinden und die zum Teil auch nicht mehr die aktuellen Bedarfslagen widerspiegeln (vgl. Abschnitt 2.2.2).
- Fast nur im Bereich der Sprachen- und IT-Kompetenzen haben sich international anerkannte Zertifizierungsstrukturen entwickelt, die nicht auf gesetzlichen

Grundlagen beruhen, aber gleichwohl Arbeitsmarktstandards gesetzt haben. Hier sind sowohl Trägerinstitutionen zu finden, die von Lizenzen und manchmal auch dem Vertrieb von entsprechendem Unterrichtsmaterial profitieren, als auch Bildungsträger, die mit einem „anerkannten" oder auch „internationalen" Zertifikat ihre Angebote aufwerten. Derartige Zertifikate beziehen sich in der Regel nicht auf Qualifikationsprofile, sondern auf spezifische Kompetenz- und Wissensbereiche wie Sprachen, IT-Wissen oder Betriebswirtschaft.

- Eine Reihe von Aus- und Weiterbildungszertifikaten werden von Fach- oder Berufsverbänden ausgestellt. Sie beziehen ihre Geltung bzw. Akzeptanz in erster Linie aus der Verknüpfung mit einem bestimmten Berufsfeld. Die Heterogenität ist groß: Manche dieser Zertifikate konnten sich als Branchenstandards etablieren, während andere kaum bekannt sind.

Andere Typen von Zertifikaten erreichen nicht die Verbindlichkeit, die notwendig wäre, um ihre langfristige Verwertbarkeit zu sichern:

- Bildungsträgerzertifikate werden von Bildungseinrichtungen aller Art ohne Bezug auf externe Standards ausgestellt. Ihre Reichweite ist in der Regel auf den regionalen und zeitlichen Wirkungskreis des ausstellenden Trägers begrenzt. Ihre Verwertbarkeit hängt nicht nur von den zertifizierten Lerninhalten und -leistungen ab, sondern wesentlich vom Leumund des ausstellenden Trägers. Diese Zertifikate werden nicht nur für Anpassungsweiterbildungen und kurze Kurse ausgestellt, sondern in großem Umfang – etwa im Rahmen der Förderung der Weiterbildung im Eingliederungstitel der Bundesagentur für Arbeit – auch für umfassendere Maßnahmen, die eine nachhaltige Arbeitsmarktintegration gewährleisten sollen.

- Herstellerzertifikate beziehen ihre Geltung aus der Verknüpfung mit einem bestimmten Produkt und sind damit eng an dessen Marktdurchdringung gebunden. Herstellerzertifikate bescheinigen den Teilnehmenden Kenntnisse in streng definierten Bereichen. Die Zertifikate gelten meist nur für begrenzte Zeit. Im Regelfall muss nach einigen Jahren erneut eine Prüfung abgelegt werden, um die Gültigkeit zu verlängern.

- Kompetenzpässe oder auch Weiterbildungspässe werden in großen Unternehmen zur Dokumentation der Weiterbildungsaktivitäten der Mitarbeiter/-innen eingesetzt. Sie haben den Status von Teilnahmebescheinigungen und beinhalten in der Regel keine Leistungsmessung. Daneben entwickelten sich – vor allem in den letzten zehn Jahren – zahlreiche Passinitiativen häufig kommunaler oder staatlicher Träger. Einen Schwerpunkt bildet die Erfassung von Kompetenzen, die im Ehrenamt, in der Freizeit oder in der Elternzeit erworben wurden (Gnahs 2005; Seidel et al. 2007). Gegenüber potenziellen Arbeitgebern sollen die Pässe in systematischer Weise zusätzliche, über die formalen Nachweise hinausgehende

Informationen über die Kompetenzen des Passinhabers/der Passinhaberin bereitstellen (BMBF 2004, 68). An ihrer Akzeptanz bei Arbeitgebern bestehen aber Zweifel (BMBF 2004, 79).

Standardisierung der Zertifizierungssysteme in der Weiterbildung

Es erscheint zunächst notwendig, auch für die berufliche Weiterbildung Standards der Zertifizierung bereitzustellen. Die Signalfunktion eines Zertifikats ist umso verlässlicher, je dauerhafter der Standard etabliert ist, der ihm zugrunde liegt, je weniger er sich also an die Dynamik und Volatilität der Qualifikationsanforderungen des Beschäftigungssystems anpasst (Faulstich 1997). Daher kommt nicht die ganze Breite des Weiterbildungsgeschehens für solche Standardisierungen von Zertifikaten in Betracht, aber doch der große Teil, der über Anpassungsqualifizierungen und kurze Lehrgänge hinausgeht.

Ein expliziter Bezug der Zertifikate der Weiterbildung auf die Standards der beruflichen oder akademischen Ausbildung würde in mehrfacher Hinsicht zu einer Aufwertung der Lernleistungen in der Weiterbildung führen.

- Zum einen könnten Berufsqualifikationen in einer verlässlichen und für Dritte nachvollziehbaren Weise aktualisiert werden; das würde voraussichtlich auch zu einer höheren Weiterbildungsbeteiligung führen und diente der Kompensation von Angebots-/Nachfragedisparitäten bei einem absehbaren Mangel an Fachkräften. Die Transparenz der Lernleistungen in der Weiterbildung für Arbeitgeber würde sich erhöhen.
- Zum anderen könnten Erwachsene ohne oder mit einer für ihre Arbeitstätigkeit inadäquaten Ausbildung leichter Abschlüsse nachholen. Die geringe Durchlässigkeit zwischen Bildungsgängen und die hohen Anforderungen vieler Berufsausbildungen haben zu einer hohen Zahl an Bildungsverlierern geführt, denen auf diese Weise mehr Möglichkeiten geboten würden, Abschlüsse nachzuholen.

Ein offenes System der berufsbezogenen Zertifizierung würde somit Segmentierungen des Arbeitsmarktes vermindern und die Chancen beruflicher Integration verbessern. Es würde durch die Nutzung endogener Potenziale des Bildungssystems dessen Produktivität bei gegebenem Mitteleinsatz erhöhen und voraussichtlich auch zu einer Erhöhung der im OECD-Vergleich bisher niedrigen deutschen Weiterbildungsquote führen.

Zertifizierung von beruflichen Teilqualifikationen in der Weiterbildung

Der Erwerb von Berufsabschlüssen in der Weiterbildung gelingt nicht in ausreichendem Umfang, wenn im Rahmen der Nachqualifizierung lange Bildungsmaßnahmen mit monolithischen Prüfungen nach dem Muster der Erstausbildung abgeschlossen werden. Das Prüfungsrisiko ist für Teilnehmer/-innen, die sich in der Regel berufsbegleitend weiterbilden, zu unwägbar. Die Nachqualifizierung würde sich dadurch ausbauen lassen, dass der Weg zum Abschluss in Teilschritten begangen werden kann: mit anrechenbaren und zertifizierten Bausteinen, die am Referenzsystem der dualen Ausbildung Maß nehmen, die in ihrer Qualität den Standards der beruflichen Erstausbildung entsprechen und die schließlich mit einer Prüfung der zuständigen Stellen zum Berufsabschluss führen. Die Ausbildungsbausteine, die im Rahmen des Programms „JOBSTARTER CONNECT" vom BIBB entwickelt wurden, und ergänzend die Bausteine, die im Auftrag der Bundesagentur für Arbeit entwickelt wurden, könnten die Grundlage für eine Belebung des Instruments der Nachqualifizierung bieten, wenn sie jeweils individuell zertifiziert und auf einen Abschluss angerechnet werden könnten (Severing 2011, 333). Dabei ist das Instrument auf über 25-jährige Teilnehmende zu begrenzen, damit Befürchtungen entkräftet werden, es könne die Strukturen der beruflichen Erstausbildung affizieren.

Perspektiven für die Weiterbildungspolitik

Eine bessere Verwertbarkeit der beruflichen Weiterbildung würde sich ohne zusätzliche Investitionen durch neue Qualitätsstandards der berufsbezogenen Weiterbildungszertifikate ergeben. Dabei geht es nicht um die große Zahl kurzer Anpassungsqualifizierungen, die schnell und flexibel bereitgestellt und durchgeführt werden müssen. Zertifikatsstandards wären hier mit hohem Aufwand verbunden und würden schnell obsolet. Solche Weiterbildungen aber, die auf eine umfassende berufliche Kompetenzentwicklung abzielen, sollten sich am bestehenden Referenzrahmen des Berufssystems orientieren. Dazu könnten folgende Einzelmaßnahmen beitragen:

- In der Nachqualifizierung sollte ein Gesamtsystem entwickelt werden und zur Anwendung kommen, das aus anerkannten Teilqualifikationen, dem erleichterten Zugang zur Expertenprüfung sowie der Anerkennung nonformal und informell erworbener Qualifikationen basiert.
- Maßnahmen und Programme der Nachqualifizierung müssen somit anschlussfähig an die Abschlüsse in der Erstausbildung oder der beruflichen Fortbildung sein.
- Externenprüfungen stellen einen bewährten Weg dar, um einen beruflichen Abschluss nachzuholen. Die Bekanntheit sollte erhöht, die Zugänglichkeit erleichtert bzw. transparenter gehandhabt und dadurch die Attraktivität der Externenprüfung verbessert werden.

- Notwendig erscheint die Entwicklung von Modellen einer für alle offenen und von Bildungsgängen unabhängigen Zertifizierung von berufsbezogenen Lernergeb- nissen. Vorbild können hierbei die Modelle und Instrumente sein, die im Ausland bereits erfolgreich praktiziert werden oder bei der Umsetzung des sogenannten Anerkennungsgesetzes eingesetzt und zurzeit erprobt werden.
- Die starren politischen Fronten in Sachen Teilqualifizierung scheinen sich zu lockern. Eine Reform des Systems in diesem Punkt muss indessen von einem intensiven Dialog mit den Sozialpartnern und den Kammern über berufliche Teil- qualifikationen in der Weiterbildung begleitet werden.

Perspektiven für die Weiterbildungsforschung

Zertifizierungsfragen sind stets auch Fragen an die Ordnung der Weiterbildung. Forschung muss dazu Basisdaten liefern, Kriterien zur Weiterentwicklung bereit- stellen und Prozesse begleiten.

- Anzuregen sind empirische Analysen des Prüfungsgeschehens in der Weiterbil- dung, des Stellenwerts von Zertifikaten in der Einstellungspraxis der Unterneh- men sowie der Vergabe und Verwertbarkeit von Weiterbildungszertifikaten.
- Für die Analyse von Bildungsverläufen nach Abschluss der beruflichen Erstaus- bildung, insbesondere der Passung und der formalen Übergänge und Brüche zur beruflichen Weiterbildung, stehen neben anderen Datensätzen in absehbarer Zeit die Daten des Nationalen Bildungspanels (NEPS) zur Verfügung. Sie sollten für vertiefende Analysen und Auswertungen genutzt werden.
- Der Bereich der anerkannten Fortbildungsabschlüsse und ihrer Ordnungsmittel ist mit dem Ziel in den Blick zu nehmen, eine wissenschaftlich begründete Zuord- nung zu den Qualifikationsniveaus des DQR vorzunehmen.
- Im Interesse der Durchlässigkeit sollten Fortbildungsprüfungen möglichst auch für Seiten- und Quereinsteiger zugänglich sein. Im Rahmen von Analysen wäre den Fragen nachzugehen, inwieweit sie dieser Aufgabe gerecht werden und wo unbillige Hürden bestehen.

2.2.5 Erfassung und Anerkennung informell und nonformal erworbener Lernergebnisse

Mit dem Europäischen Qualifikationsrahmen (EQR) wurde den EU-Mitgliedsstaaten empfohlen, durch Anerkennung informell und nonformal erworbener Kompeten- zen gleichwertige Zugänge zu Bildung und Beschäftigung zu schaffen. Der Prozess zur Umsetzung dieser Empfehlung über nationale Qualifikationsrahmen gewinnt mit dem im September 2012 von der Europäischen Kommission veröffentlichten

Vorschlag für eine Empfehlung des Rates zur Validierung der Ergebnisse des nicht formalen und informellen Lernens (Europäische Kommission 2012) eine neue Dynamik. Darin wird u. a. die Einführung eines nationalen Systems für die Validierung bis 2015 gefordert. Informelle und nonformal erworbene Kompetenzen sollen durch eine zuständige Stelle anerkannt werden. Der deutsche Bundesrat hat bald nach Veröffentlichung der Empfehlung dazu Stellung bezogen (Beschluss des Bundesrates 2012) und würdigt die Aufwertung nonformaler und informeller Lernwege und -ergebnisse ausdrücklich. Die Umsetzung der Empfehlung werde zu einem umfassenden Wandel der Lern-, Anrechnungs- und Anerkennungskultur führen.

Die Intensität der politischen Aktivitäten geht bislang nicht einher mit einer vergleichbaren wissenschaftlichen Befassung mit Fragen der Erfassung, Anerkennung und Zertifizierung informell erworbener Kompetenzen. Zwar ist in der wissenschaftlichen Forschung breit anerkannt, dass in der Arbeitswelt die Bedeutung von auf informellem und nonformalem Wege angeeigneten Kompetenzen steigt. Dennoch mangelt es an einer differenzierten Betrachtung verschiedener Kontexte, in denen die Erfassung und Anerkennung informellen Lernens bereits wirksam wird und zukünftig verstärkt werden wird.

Das Lernen in formalen Kontexten ist durch strukturierte Lernziele, Lernzeiten und Lernförderung gekennzeichnet; Lernerfolg wird anhand von an Lernzielen orientierten Prüfungen beurteilt und durch eine zertifizierende Stelle bestätigt. Im Unterschied dazu erfordert das informelle Lernen ein anderes und differenzierteres Vorgehen bei der Erfassung und Bewertung von Lernergebnissen. Für das informelle Lernen existieren keine strukturierenden Lernziele, die geprüft und beurteilt werden können. Aufgrund seiner Individualität und Kontextbezogenheit lässt sich informelles Lernen nur über die Lernergebnisse, nicht jedoch über den Lernweg mit dem Lernen in formalen Bildungsgängen vergleichbar machen (Geldermann et al. 2008; Seidel et al. 2007; Björnavold 2001). Erst die berufliche Kompetenz, zu der sowohl formale wie informelle Lernprozesse beitragen, bildet die Grundlage einer vergleichenden Beurteilung und Zertifizierung von auf formalen wie informellen Wegen erworbenen beruflichen Kenntnissen und Fertigkeiten.

Der Prozess der Anerkennung wird in der internationalen und nationalen Diskussion in verschiedene Phasen zur Identifizierung und Beurteilung von informell erworbenen Lernergebnissen unterteilt (vgl. CEDEFOP 2009; Werquin 2010; Dehnbostel/Seidel/Stamm-Riemer 2010; Annen 2011). Im Einzelnen umfassen diese die

- Information und Beratung,
- Ermittlung/Feststellung,
- Bewertung,
- Validierung,
- Zertifizierung.

Sie sind als analytisch voneinander abgegrenzte Schritte zu sehen, die in der Praxis aber fließend sind. Der Kern des Anerkennungsverfahrens ist in den Schritten Ermittlung, Bewertung und Validierung zu sehen. Unter Ermittlung wird dabei ein Prozess verstanden, der die Lernergebnisse feststellt und erkennbar macht. Unter Bewertung von Lernergebnissen werden Verfahren verstanden, die zur Beurteilung von Kenntnissen, Know-how und/oder Kompetenzen einer Person gemäß festgelegten Kriterien (Lernerwartungen, Messung von Lernergebnissen) führen. Daran schließt sich die Validierungen. Sie gilt auf der Grundlage einer Bewertung der Lernergebnisse als Bestätigung durch eine zuständige Stelle, dass die Lernergebnisse gemäß festgelegten Kriterien bewertet wurden und den Anforderungen eines Validierungsstandards entsprechen. Die Validierung führt schließlich gegebenenfalls zur Zertifizierung (vgl. CEDEFOP 2009, Glossar; Dehnbostel/Seidel/Stamm-Riemer 2010, 15–17).

Terminologisch wird im europäischen Kontext häufig der gesamte Prozess mit „validating" und im Deutschen mit Validierung bezeichnet, obwohl sich der Begriff der Validierung als ein „Bestätigen" und „Für-gültig-Erklären" streng genommen nur auf einen der vier Schritte bezieht (vgl. Dehnbostel/Seidel/Stamm-Riemer 2010, 15–16). Die folgenden Überlegungen fokussieren sich auf die Schritte Ermittlung, Bewertung und Validierung; Aspekte von Information und Beratung sowie Zertifizierung werden im Zusammenhang mit den Anforderungen an Anerkennungsverfahren vertieft.

Im europäischen Kontext wird von formativer Validierung gesprochen, wenn der Schwerpunkt auf der Ermittlung von Lernergebnissen liegt, und von summativer Validierung bei deren Bewertung, da diese „eine klar definierte, eindeutige Bezugnahme auf die in nationalen Qualifikationssystemen (oder Qualifikationsrahmen) verwendeten Standards" (CEDEFOP 2009, 8) impliziert. Sowohl die formative wie auch die summative Validierung spielen gleichermaßen bei der Validierung aller Lernergebnisse aus formalen, nonformalen und informellen Lernwegen eine Rolle. Bei der Validierung, die zu einer Zertifizierung führt, muss eine summative Bewertung zugrunde gelegt werden, bei der nationale Standards zu berücksichtigen sind.

Systematik der Verfahren

Für die Ermittlung von Lernergebnissen wurden in den letzten Jahren eine Vielzahl von Ansätzen zur Kompetenzfeststellung und -erfassung, zur Kompetenzanalyse und -messung in den Bereichen der Berufsorientierung und Berufsvorbereitung, der Berufsausbildung, der Hochschul- und Weiterbildung sowie der Personalentwicklung und der betrieblichen Bildungsarbeit entwickelt und eingesetzt (Erpenbeck/Rosenstiel 2007). Es handelt sich dabei sowohl um Diagnose-, Personalauswahlverfahren, Arbeitsplatzanalysen als auch um Messverfahren, die der Erfassung von individuellen Lernleistungen dienen. Die Methoden decken ein Spektrum ab, das von standardisierten und nicht standardisierten Verfahren über metrische und biografische entwicklungsorientierte qualitative Analysekonzepte reicht.

In gängigen Systematisierungen werden zwei Zielrichtungen der Feststellung von Lernergebnissen unterschieden: die Entwicklungsorientierung und die Anforderungsorientierung. Entwicklungsorientierte Verfahren dienen der Ermittlung von in der Lebens- und Arbeitswelt erworbenen Kompetenzen und sind auf einen individuellen Kompetenzentwicklungsprozess bezogen. Bei ihnen stehen Selbsterkenntnis, Persönlichkeitsentwicklung, berufliche oder auch private Orientierung und Förderung von reflektiertem Handeln im Vordergrund. Methodisch basieren sie vor allem auf Interviews und Selbsteinschätzungen.

Bei den anforderungsorientierten Verfahren stellen spezifische aktuelle oder zukünftige Aufgaben den Ausgangspunkt dar, und die Kompetenzen werden in Relation zu diesen Aufgaben eingeschätzt bzw. gemessen. Darüber hinausgehende Kompetenzen kommen dagegen weniger zum Tragen. Anforderungsorientierte Verfahren messen häufig anhand von ausgewiesenen Kriterien Wissen, Fähigkeiten und Fertigkeiten. Diese Ansätze finden sich in Deutschland bislang überwiegend in betrieblichen Kontexten.

Andere Möglichkeiten zur Systematisierung von Kompetenzerfassungsansätzen beziehen sich stärker auf verfahrens- und methodische Systematisierungskriterien, sodass (1) testbasierte Verfahren, (2) biografieorientierte Verfahren und (3) handlungsorientierte Verfahren voneinander unterschieden werden (vgl. Dehnbostel/Seidel/Stamm-Riemer 2010, 24 ff.).

Letztlich ist die Wahl eines Erfassungsansatzes davon abhängig, ob die Ergebnisse informellen Lernens validiert und zertifiziert werden sollen oder nicht. Validierungen und Zertifizierungen können nur anhand von zuvor definierten Anforderungen oder Standards vorgenommen werden. So ist ausschlaggebend, ob eine berufliche (Neu-)Orientierung oder ein Zugang zur Erwerbstätigkeit und zum formalen Bildungssystem im Vordergrund stehen, die es erfordern, dass sämtliche Kenntnisse, Fertigkeiten und Kompetenzen eines Individuums sichtbar gemacht und reflektiert werden. Beide Verfahrensweisen können miteinander verbunden werden (und sind es in der Praxis häufig), sodass eine entwicklungsorientierte Erfassung mit dem Ziel einer individuellen biografischen Standortbestimmung wichtige Vorarbeiten für eine an Anforderungen orientierte Feststellung leisten kann.

Beschreibung und Bewertung von informell erworbenen Lernergebnissen

Eine wesentliche Voraussetzung für die Validierung und Einordnung von informell erworbenen Lernergebnissen im Rahmen eines Anerkennungsverfahren ist, dass diese Lernergebnisse zunächst als solche identifiziert und beschrieben bzw. dokumentiert werden. Das gilt für Lernergebnisse in unterschiedlich komplexen Formen wie beispielsweise eine abschlussbezogene Qualifikation, Bündel von Lernergebnissen sowie einzelne Lernergebnisse im Sinne von Kenntnissen, Fertigkeiten oder Kompetenzen. Umfang und Niveau enthaltende Beschreibungen von Lernergebnissen stellen die Referenzgrößen für die Überprüfung und Bewertung dar. Eine grobe Beschreibung von Qualifikationen anhand der Deskriptoren eines Qualifikationsrahmens reicht dazu nicht aus.

Erfahrungen hierzu liegen aus verschiedenen Bildungsbereichen vor, an die die Weiterbildung anknüpfen kann. Die Bildungsstandards im Allgemeinbildungsbereich sowie Studienmodule im Hochschulbereich bauen bereits auf kompetenzbasierten Lernzielen auf. Im Berufsbildungsbereich liegt ein Gestaltungsansatz kompetenzbasierter Ausbildungsordnungen (Hensge/Lorig/Schreiber 2009) vor, der perspektivisch auf Fortbildungsordnungen übertragen werden könnte. Die Definition von Lernfeldern im Bereich der Fortbildung bietet bereits sehr gute Anknüpfungspunkte für die Entwicklung kompetenzbasierter Lernergebnisstandards, die in Anerkennungsverfahren als Referenzgrößen dienen können.

Für die Beurteilung von informell erworbenen Lernergebnissen ist der Bezug zu einem Zweck und Ziel des Bewertungsverfahrens entscheidend. Im Prozess der Validierung soll ermittelt werden, ob das, was jemand weiß oder kann, bestimmten Anforderungen entspricht. Die Zertifizierung der Lernergebnisse ist dabei der letzte Schritt. Mit ihr werden Lernergebnisse anhand festgelegter Standards durch eine akkreditierte Einrichtung bescheinigt. Nur durch die Referenz zu kompetenzbasierten Lernzielen können Kenntnisse, Fertigkeiten, Kompetenzen, die im Rahmen eines formellen oder informellen Lernprozesses erworben werden, vergleichbar gemacht werden. Durch Lernergebnisse definierte Qualifikationen eignen sich darüber hinaus in besonderer Weise für die Implementierung von Anrechnungsmöglichkeiten bei Übergängen zwischen verschiedenen Bildungsbereichen. Anerkennungsverfahren sollten vor allem den folgenden Anforderungen genügen:

- Verfahren der Kompetenzfeststellung und -messung müssen möglichst den weithin gültigen und anerkannten Anforderungen an Situations- und Domänenbezug und der Berücksichtigung der wissenschaftlichen Gütekriterien genügen, dabei gleichzeitig praktikabel und ökonomisch einsetzbar sein. Hierzu eignen sich unter anderem simulationsorientierte und computergestützte Verfahren.

- Bezüglich der Struktur und Ausrichtung der Validierungsverfahren zu informell und nonformell erworbenen Kompetenzen müssen die individuelle Perspektive und die Perspektive der Akteure einer Domäne, eines Berufes oder Bildungsbereiches berücksichtigt werden.

- Die Anerkennung informell erworbener Kompetenzen setzt stets die aktive Partizipation der Betroffenen voraus. Auf der Seite der Individuen werden Instrumente benötigt, die dem Bildungs- und biografischen Hintergrund der Person gerecht werden, die Lern- und Erfahrungskontexte erschließen, explizieren und einer Reflexion zugänglich machen. Hierzu eignen sich in besonderem Maße biografische Methoden.

- Aufseiten des formalen Bildungssystems und der anwendenden Akteure sind möglichst reduzierte, kontextunabhängige, pragmatische Anerkennungsstrukturen und -verfahren erforderlich, um eine Umsetzung der Anerkennung auch unter ökonomischen und praktischen Gesichtspunkten zu gewährleisten. Dazu müssen die relevanten Akteure einbezogen werden, um den Bezug zu den Anerkennungsverfahren und zu den in einem Feld, einem Kontext oder einer Domäne existierenden Standards herzustellen. Die Akteure sind „Standardgeber" und „Bewerter" in Bezug auf allgemeine Bildungsziele, bereichsspezifische Kompetenzen, Lernziele, Lerninhalte und Niveaustufen. Außerdem bestimmen sie, welche Berechtigungen mit dem Erwerb eines Zertifikats oder der Teilnahme an einem bestimmten Verfahren erworben werden.

- Die Beratung sollte ein wesentlicher Teil eines umfassenden Anerkennungsverfahrens sein. Sie steht am Anfang eines Anerkennungsverfahrens und begleitet den Prozess der Validierung gegebenenfalls über die Phasen der Ermittlung, Sichtbarmachung und Zertifizierung von Kompetenzen. Durch die Beratung sollen alle erworbenen Qualifikationen und Bildungsetappen in den Blick genommen werden. Sie übernimmt eine Orientierungsfunktion und sorgt für Transparenz hinsichtlich der verschiedenen Anerkennungsverfahren.

- Eine solche Beratung ist ressourcenorientiert in dem Sinne, dass das Individuum umfassend in seiner Kompetenzentwicklung betrachtet wird und gegebenenfalls fehlende Kompetenzen mittels Weiterbildung erworben werden. Diese Form der Beratung geht über die reine Informationsweitergabe hinaus und ermöglicht den Zugang zu den unterschiedlichen Lernwegen.

- Die Anerkennung von nonformal und informell erworbenen Kompetenzen stellt ein wichtiges Aufgabenfeld für alle Bildungsbereiche und für Organisationen und Unternehmen dar. Perspektivisch muss die Validierung kompetenzorientiert erfolgen und sich auf den DQR beziehen.

- Grundsätzlich stellt sich die Frage, welche Akteure und Institutionen für die Validierungsverfahren verantwortlich sind. Eine zentrale Rolle könnten die im Bereich der Hochschulen und in Teilen der Weiterbildung eingeführten Akkreditierungsstellen und akkreditierten Bildungsträger spielen. Akkreditierungsstellen wären Einrichtungen, denen grundlegend oder sektoral die Kompetenz zugestanden wird, Anerkennungen, Zuordnungen zum DQR und Zertifikate oder Zertifizierer zu autorisieren. Dies könnten u. a. Behörden, Kammern, Berufsverbände und intermediäre Organisationen sein, an denen Bund, Länder und Wirtschaft zu gleichen Teilen beteiligt sind. Dabei müsste gesichert sein, dass es sich um Einrichtungen handelt, die selbst keine Anbieter von Bildungsdienstleistungen sind und die öffentlich legitimiert sind, allgemeingültige Standards für Lernergebnisbündel, Qualifikationen und auch Kompetenzfeststellungsverfahren festzulegen, die Akkreditierung von Trägern durchzuführen und im Einvernehmen mit ihnen Zuordnungen zum DQR vorzunehmen.

Perspektiven für die Weiterbildungspolitik

Die Einführung von Validierungsverfahren und im Weiteren die Einordnung in den DQR bedarf grundlegender institutioneller und organisatorischer Entwicklungen.
- Politik muss für die Einrichtung von Informations- und Beratungsstellen und die Schaffung von Akkreditierungsstellen zur Durchführung der Kompetenzfeststellung und Bewertung, der Zertifizierung und der Qualitätssicherung des Validierungsverfahrens Sorge tragen.
- Für die Anerkennung und Anrechnung informell und nonformal erworbener Kompetenzen bedarf es der Entwicklung domänenspezifischer Kompetenzmodelle und definierter Referenzmaßstäbe für Berufsfelder, Bildungsbereiche oder Bildungsgruppen, die auf kompetenzorientiert beschriebenen Lernzielen basieren. Die Bewertung muss anhand dieser Standards vorgenommen werden.
- Lernergebnisorientierte Beschreibungssystematiken sind zu entwickeln und oder Lernzieltaxonomien zu nutzen, die maßgeblich zur Vergleichbarkeit und Bewertung von Lernergebnissen beitragen.
- Politik hat den rechtlichen Rahmen für die Anerkennung von Lernergebnissen des nonformalen und informellen Lernens zu schaffen. Möglich wäre eine Form einer bundesweiten Rechtsverordnung, die Kriterien und Qualitätsstandards festlegen sollte, nach denen die Anerkennung erfolgt.

Perspektiven für die Weiterbildungsforschung

Für Forschung und wissenschaftsbasierte Entwicklungsarbeit bietet das Thema zahlreiche Ansatzpunkte.

- Lernergebnisorientierte Beschreibungssystematiken sind auf der Basis systematischer Analyse und empirischer Forschung zu entwickeln, um eine Vergleichbarkeit und Bewertung von Lernergebnissen zu ermöglichen.
- Es sind Kompetenzfeststellungsverfahren zu entwickeln bzw. vorhandene zu adaptieren, die eine möglichst hohe Aussagekraft, Akzeptanz, Gültigkeit und Konstanz aufweisen, dabei gleichzeitig praktikabel und ökonomisch haltbar sind. Hierbei sollte u. a. an die im wissenschaftlichen Kontext entwickelten Kompetenzmessinstrumente angeknüpft werden.
- Vorhandene Kompetenzfeststellungsverfahren sind hinsichtlich ihrer Aussagekraft, Akzeptanz, Gütekriterien und Anwendungsfähigkeit zu prüfen.
- Grundlagenorientierte Forschungsergebnisse zur beruflichen Kompetenzfeststellung sind in die Entwicklung lernergebnisorientierter Ordnungsmittel und domänenspezifischer Kompetenzmodelle zu transferieren. Gleiches gilt für die Nutzung und Weiterentwicklung der im wissenschaftlichen Kontext entwickelten Kompetenzmessinstrumente für die Erfassung informellen Lernens in verschiedenen Anwendungskontexten.
- Es werden Studien zur Verbindung von formalem und informellem Lernen, zur Qualität und der bevorzugten Eignung der jeweiligen Lern- und Arbeitsorte für den Erwerb unterschiedlicher Kompetenzen und Wissensformen angeregt.
- Die Leistungsfähigkeit von Lern- und Arbeitsorten ist unter organisationalen, strukturellen, didaktisch-methodischen und kompetenzförderlichen Gesichtspunkten zu analysieren.

2.2.6 Systematisierung und Verstetigung der Weiterbildungsfinanzierung

Rückläufige öffentliche Finanzierungsanteile

In der Struktur der Finanzierung spiegelt sich bis zu einem gewissen Grad die institutionelle Heterogenität der Weiterbildung. Dadurch ist die Transparenz über Zusammenhänge von Finanzierungsformen, Qualität von Weiterbildungsangeboten und Beteiligungseffekten von Weiterbildung beeinträchtigt. Selbst die Erfassung von Weiterbildungskosten und -finanzierungen ist unvollkommen.

Folgt man der Finanzstatistik des Statistischen Bundesamtes, so wurden die Weiterbildungsausgaben bei allen großen institutionellen Finanziers in der ersten Hälfte des letzten Jahrzehnts deutlich gekürzt und pendelten sich auf dem Niveau von 2005 mit periodischen Schwankungen ein. Am stärksten rückläufig waren die Weiterbildungsausgaben der Bundesagentur für Arbeit (BA), die zwischen 1995 und 2005 um 70 Prozent von 7,8 Mrd. auf 2,3 Mrd. Euro schrumpften (Autorengruppe Bildungsberichterstattung 2008, 32 f.; dies. 2010, 32), was vor allem auf einen politischen Strategiewandel in der Arbeitsmarktpolitik zurückzuführen ist. Bei den Unternehmen, dem größten institutionellen Finanzier, sanken im gleichen Zeitraum die Weiterbildungsausgaben von 9,4 auf 7,9 Mrd. Euro und bei den Gebietskörperschaften von 1,5 auf 1,2 Mrd. (ebenda). Die Weiterbildungsausgaben verteilen sich aktuell zu 37 Prozent auf den privaten Bereich (vor allem Unternehmen), zu jeweils etwa ein Fünftel auf Kommunen und Bund und zu einem Viertel auf die Länder (Autorengruppe Bildungsberichterstattung 2012, 31).

Die offiziellen Daten bilden die tatsächliche Weiterbildungsfinanzierung in doppelter Weise nur sehr unvollständig ab: Zum einen gehen die vielfältigen privaten Ausgaben für informelle und nonformale Weiterbildungsaktivitäten in Form von Zeitaufwand und direkte monetäre Ausgaben für diverse Bildungsmedien und Privatunterricht (z. B. im kulturellen Bereich) nicht mit ein. Zum anderen fehlen bei den institutionellen Ausgaben Abschreibungen, Finanzierungskosten und Personalausfallkosten bei Teilnehmenden an betrieblicher Weiterbildung, die sehr wohl auf die direkten Kosten bei betrieblich-beruflicher Weiterbildung über Managemententscheidungen einwirken können. Eine realistische Kostenberechnung für Weiterbildung bleibt ein Desiderat für ökonomische Weiterbildungsforschung.

Die Rückläufigkeit institutioneller Weiterbildungsausgaben zu Beginn des letzten Jahrzehnts und die Stagnation der Ausgaben seither widersprechen nicht allein der weiterhin verbreiteten politischen Rhetorik über die Wichtigkeit lebensbegleitenden Lernens. Sie sind auch schwer in Einklang zu bringen mit den Analysen der Wissenschaft, nach denen immer mehr angewandtes Wissen zunehmend schneller veraltet. Geht man nicht davon aus, dass alle Erwachsenen den Wissensverschleiß aus eigener Kraft und ohne institutionelle Unterstützungsangebote kompensieren können, müssten Weiterbildungsaufwand und Weiterbildungsangebote expandieren. Insofern stellt sich die Frage nach den Beweggründen der institutionellen Akteure für die restriktive Kostengestaltung. Mit Ausnahme der Bundesagentur für Arbeit sind diese Beweggründe ebenso undurchsichtig wie die Wirkungen der eher restriktiven Weiterbildungsfinanzierung. Dass seit Anfang des Jahrhunderts auch eine Rückläufigkeit und Stagnation der individuellen Weiterbildungsbeteiligung zu beobachten ist, zeigt zunächst nur eine auffällige Parallelität von Kosten- und Beteiligungsentwicklung, ist aber nicht einfach als stringenter Ursachenzusammenhang zu interpretieren.

Wirkungen von Finanzierungsinstrumenten

Angesichts der begrenzten Transparenz über Finanzierungsvolumen und dessen Verteilung auf gesellschaftliche Finanzierungsgruppen ist es nicht erstaunlich, dass in den Expertenworkshops für diese Expertise mehr Forschungsdesiderate – oft in

Gestalt von Annahmen über Zusammenhänge von Finanzierung und Wirkungen – reklamiert als valide Ergebnisse zur Bedeutung der Weiterbildungsfinanzierung vorgetragen wurden. Halbwegs zuverlässige Forschungsbefunde beziehen sich auf strukturelle Dimensionen der Weiterbildungsfinanzierung wie Formen und Regulationen, die auch in internationalen Vergleichsperspektiven vorgenommen worden sind. So lassen sich über die CVTS-Erhebungen Informationen über Weiterbildungsangebote und -ausgaben nach unternehmensstrukturellen Merkmalen gewinnen (Behringer/Schönfeld 2010; Autorengruppe Bildungsberichterstattung 2010, 144 f.).

Da in den politischen Diskussionen die Frage, mit welchen Formen der öffentlichen oder politisch regulierten Unterstützung die individuelle Weiterbildungsbeteiligung gesteigert werden könne, eine große Rolle spielt, hat sich auch die Forschung dieser Frage angenommen und unterschiedliche Finanzierungsformen wie Fonds, Gutscheinkonstruktionen und tarifvertragliche Vereinbarungen durchgespielt (vgl. Expertenkommission Finanzierung Lebenslangen Lernens 2004; Bosch 2012; Müller/ Behringer 2012). Bezogen auf öffentliche Unterstützungsleistungen prüfen Müller und Behringer in einem internationalen Vergleich Formen wie z. B. Ausbildungsabgaben, Steuererleichterungen und Gutscheinsysteme (Voucher) für berufliche Weiterbildungsaktivitäten von Unternehmen. In ihrer Literaturübersicht konstatieren sie, dass es beträchtliche Wissenslücken über tatsächliche Effekte und Effizienzen von politischen Unterstützungsinstrumenten für Unternehmen gibt (Müller/Behringer 2012, S. 43); insbesondere scheinen flächendeckende Surveys zu fehlen. Unternehmensbezogene Unterstützungsleistungen streuen nach Unternehmensgröße, wobei vor allem Kleinbetriebe Probleme der Inanspruchnahme haben. Vor allem aber erscheinen sie nicht dazu geeignet zu sein, kompensatorische Wirkungen für Bildungsbenachteiligung und -ungleichheit in der Erstausbildung zu entfalten (ebenda, 44).

Die Kopplung von Finanzierung und Bedarf der Weiterbildung hat im Bereich der unternehmensinduzierten Weiterbildung, dem in Deutschland mit Abstand größten Weiterbildungssektor überhaupt, zu einer bildungsstrukturverstärkenden und -konservierenden, aber nicht kompensatorischen Weiterbildungspraxis geführt: Hoch qualifizierte Beschäftigte partizipieren am stärksten an betrieblicher Weiterbildung, gering qualifizierte am wenigsten, und zwar mit deutlichen Abständen. In diesem Sinne könnte man davon sprechen, dass die betriebliche Weiterbildung zu unmittelbar bedarfsbezogen organisiert und dabei möglicherweise auch zu wenig auf zukünftigen Qualifikationsbedarf ausgerichtet ist.

Rolle tarifvertraglicher Regelungen

Ein Instrument, um die Weiterbildungspraxis der Unternehmen zu öffnen und zu erweitern, stellen tarifvertragliche Regelungen dar. Seit mehreren Jahrzehnten wurden sie in der Bundesrepublik wie auch in anderen europäischen Ländern abgeschlossen (Berger/Moraal 2012; Berger/Häusele/Moraal 2012; Bahnmüller/Hoppe 2011). Da tarifvertragliche Regelungen in der deutschen Weiterbildungsdebatte – entsprechend der starken Rolle der Sozialpartner in der Steuerung der Berufsausbildung – einen hohen Stellenwert haben, ist es gerechtfertigt, auf sie gesondert einzugehen.

Tarifvertragliche Regelungen – entweder auf Branchenebene oder als Firmentarifvertrag – können unterschiedlich gestaltet werden. Von einem einheitlichen tarifvertraglichen Regulierungsmodell kann nach Bahnmüller (2012) bisher nicht gesprochen werden. In fast allen Regelungen sind Finanzierung und Kostenübernahme zentrale Punkte. Jenseits aller interner Gestaltungsdifferenzen und Regulierungsprobleme lassen sich die Grenzen des Konstrukts tarifvertragliche Regulierung von Weiterbildung mit Bahnmüller folgendermaßen charakterisieren:

„Generell lässt sich sagen: Je betriebsspezifischer, zeitaktueller, anwendungsbezogener und näher am unmittelbaren betrieblichen Bedarf die Weiterbildungsmaßnahme ist, desto eher stellt der Betrieb die Arbeitnehmer mit Entgeltfortzahlung frei und übernimmt die Qualifizierungskosten. Und umgekehrt: Je betriebsferner und allgemeiner die Weiterbildungsmaßnahme ausfällt, desto stärker müssen die Arbeitnehmer die Kosten übernehmen (...) In der Finanzierungsfrage schlägt sich der für Deutschland typische und das heißt betriebswirtschaftliche Blick auf Weiterbildung nieder: Weiterbildung, die dem einzelbetrieblichen Bedarf entspricht, wird arbeitgeberseitig finanziert. Was jenseits dessen liegt, gilt als ‚privat‘ und ist entsprechend von den Arbeitnehmern selbst zu finanzieren" (Bahnmüller 2012, 2).

Es ist nicht zufällig, dass sich der Hauptteil der wissenschaftlichen Finanzierungsdiskussion auf die berufliche Weiterbildung bezieht, die mit deutlichem Abstand den größten Bereich der Weiterbildung ausmacht. Bisher liegen die Schwerpunkte der Forschung im Bereich von Strukturanalysen, seltener werden die mit der Förderung erzielten Wirkungen in den Blick genommen. Eine der wenigen Ausnahmen stellen die Analysen zur Begabtenförderung in der beruflichen Bildung (Fauser/Egger 2005) dar, ebenso die Analysen zur Weiterbildungsförderung der Bundesagentur für Arbeit (u. a. IZA/DIW/infas 2006). Eine systematische Erforschung der Zusammenhänge zwischen Finanzierungsformen und Outcomes fehlt aber weitgehend. So ist über ökonomische Renditen von Investitionen in berufliche Weiterbildung wenig bekannt – weder für Individuen noch für Unternehmen oder für die Volkswirtschaft als Ganzes. Dies mag einen pragmatischen und einen wissenschaftssystemischen Grund haben: Der pragmatische besteht darin, dass große Teile der beruflichen Weiterbildung arbeitsprozessbezogen in Unternehmen vonstattengehen, relativ kurze Bildungszeiten aufweisen und selten zertifiziert oder auch nur dokumentiert werden (Autorengruppe Bildungsberichterstattung 2012, 152 f.).

Der systemische Grund verweist auf die Schwäche des Wissenschaftssystems, dass die Bildungsökonomie in der deutschen Hochschullandschaft eine wenig ausdifferenzierte Disziplin ist.

Gewährleistung eines bedarfsdeckenden Angebots

Jenseits der beruflichen Weiterbildung lassen sich auch für andere Weiterbildungsformen beträchtliche Disparitäten feststellen, die ökonomisch begründet zu sein scheinen. Nimmt man die von den Ländern aufgebrachten Kosten als Indikator für Weiterbildungsangelegenheiten, so zeigt sich zwischen den Bundesländern ein starkes Gefälle: Die Weiterbildungsausgaben je 10.000 Einwohner sind beispielsweise in Niedersachsen fast viermal so hoch wie in Brandenburg (Autorengruppe Bildungsberichterstattung 2010, 185).

Die Probleme der Weiterbildungsfinanzierung erschöpfen sich nicht in der Perspektive der Versorgung von Individuen mit Weiterbildungsangeboten. Dies ist in den Workshops nachdrücklich hervorgehoben worden: Da große Teile der Weiterbildungsinstitutionen und des Weiterbildungspersonals von öffentlichen Finanziers abhängig sind, ist bei der öffentlichen Finanzierung nicht allein von individuellem Weitebildungsbedarf und -interesse auszugehen, sondern es sind institutionelle Aspekte der Qualitätssicherung von Weiterbildungsangeboten und der Weiterbildungsinfrastruktur mit in Rechnung zu stellen, wie es bei der Versorgung mit Schul- und Hochschulangeboten selbstverständlich ist. Allerdings muss hier eingeräumt werden, dass in der Weiterbildung die Frage einer Mindestausstattung mit Infrastruktur noch sehr viel schwerer zu beantworten ist als im schulischen, hochschulischen oder auch frühkindlichen Bildungsbereich. Wichtig aber ist, die Diskussion darüber in der Politik verbindlich zu führen und Weiterbildungsinvestitionen nicht nur nach aktuell jeweils schwankendem Bedarf zu tätigen und sie nicht vorrangig als Kosten, sondern als Investitionen zu betrachten.

Als zentrales Problem für die Gestaltung der Weiterbildung und die langfristige Sicherstellung der Qualität des Angebots wurde nicht allein die „strukturelle Unterfinanzierung und dauerhafte Unterinvestition der beruflichen Weiterbildung" (Workshop 3) angesehen. Als ebenso belastend wurden die Unkalkulierbarkeit der Planung und Unsicherheit der Finanzierungsgrundlagen hervorgehoben, die aus der institutionellen Heterogenität der Finanziers (BA, Kommunen, Rentenversicherungsträger, Berufsgenossenschaften u. a.), dem vielfach projektförmigen Charakter der Förderung (über jeweils kurzzeitige Ausschreibungen), der zunehmenden Privatisierung der Weiterbildungskosten und damit insgesamt der Diskontinuität der Finanzströme resultiert. Dies gilt vor allem für öffentlich finanzierte Weiterbildungseinrichtungen. Im Bereich der marktorientierten Weiterbildungsträger ist eine hohe Fluktuation erkennbar – eine hohe Quote von Neugründungen und Betriebsschließungen insbesondere der kleineren Träger kennzeichnet die Anbieterlandschaft.

Die Labilität der Institutionalisierung betrifft nicht allein die marktorientierten kleinen Weiterbildungseinrichtungen, sie schlägt auf die Qualität der Angebotsstruktur der Weiterbildung insgesamt, beispielsweise auch der Volkshochschulen, durch. Als Katalysator für destruktive Wirkungen der Finanzierungsmodalitäten auf die Qualität der Weiterbildung wurde immer wieder das Professionalisierungsproblem angeführt: Die Diskontinuität der Finanzierung erweise sich insofern als Barriere für die Professionalisierung des Personals, als nur zeitlich eng befristete Verträge auf zudem häufig niedrigem Gehaltsniveau abgeschlossen werden könnten und dadurch Erfahrungsaufbau und systematisch betriebene Qualifizierung des Personals behindert würden. Ob hieran die Aufnahme des Weiterbildungssektors in das Mindestlohngesetz etwas ändern wird, muss an dieser Stelle offenbleiben, darf aber bezweifelt werden. Eine gute Weiterbildungsinfrastruktur, zu der unabdingbar ein professionelles Personal zählt, bedarf regelmäßiger, kalkulierbarer und verlässlicher Finanzierungsgrundlagen, wie sie für jeden anderen öffentlich institutionalisierten Bildungsbereich im Prinzip gelten.

Perspektiven für die Weiterbildungspolitik

Vorrangig erscheinen politische Aktivitäten, die zu einer Verstetigung der Finanzierung von Weiterbildung als Grundlage für die Sicherstellung qualitativ anspruchsvoller Weiterbildungsprogramme und professionellen Personals führen. Das Problem ist nicht einfach zu lösen, weil die Flexibilität und Situationsgebundenheit vieler beruflicher Weiterbildungen nicht einfach aufgehoben werden kann und sollte.

- Politik sollte die aufgewiesenen Schwächen in der Forschungslandschaft zum Anlass nehmen, ein umfangreiches Forschungsprogramm zur „Ökonomie der Weiterbildung" zu initiieren, das auch eine Erweiterung der bildungsökonomischen Grundlagenforschung einschließen müsste und insofern kaum als reine Ressortforschung institutionalisiert werden kann.
- Da die Weiterbildungslandschaft durch vielfältige soziale und regionale Disparitäten gekennzeichnet ist, die auch auf unterschiedliche ökonomische Ressourcen zurückzuführen sind (z. B. Wirtschaftskraft von Regionen oder Unternehmensgruppen), sollte Politik auf Ressourcengleichheit und Unabhängigkeit von konjunkturellen Schwankungen hinwirken.
- Die Dauer von Programmen zur Förderung bestimmter Gruppen (z. B. Geringqualifizierter) sollte verlängert werden.
- Initiativen zur Etablierung regionaler Netzwerke sollten materiell und politisch (professionelle Steuerung) unterstützt werden.

Perspektiven für die Weiterbildungsforschung

Von wissenschaftlichen Analysen und Untersuchungen sind wichtige Grundlagen für eine zielgenaue und effiziente Gestaltung der Weiterbildungsfinanzierung und ihrer Instrumente zu erhoffen.

- Untersuchungen sollten Aufschluss geben über die Finanzierungsanteile unterschiedlicher staatlicher/privater Akteure. Dabei ist möglichst zu differenzieren zwischen denjenigen, die Weiterbildung unmittelbar finanzieren, und jenen, die die Kosten tragen.
- Ein weites Forschungsfeld stellt die Entwicklung und Umsetzung von validen Modellen für die Messung von Renditen der beruflichen Weiterbildung dar.
- Von Interesse wären Untersuchungen zu den Zusammenhängen von Finanzierungstypen (u. a. öffentlich – privat) und unterschiedlichen materiellen und nicht materiellen Outputs bzw. Outcomes von Weiterbildung. Gleiches gilt für Zusammenhänge zwischen Finanzierungstypen, Steuerungsformen und der Qualität von Weiterbildungsangeboten, ebenso zwischen Finanzierungsformen und der Weiterbildungsbeteiligung.

2.2.7 Qualifizierungs- und Weiterbildungsberatung

Unterschiedliche Adressaten

Qualifizierungs- und Weiterbildungsberatung soll eine angemessene Weiterbildung von Individuen und eine professionelle Gestaltung betrieblicher Weiterbildung durch Sensibilisierung, Information und Beratung unterstützen. Die Termini „Qualifizierungsberatung" und „Weiterbildungsberatung" werden nach ihren Adressaten unterschieden: Qualifizierungsberatung zielt auf die Beratung von Organisationen und Weiterbildungsberatung auf die Beratung von Individuen:
- *Weiterbildungsberatung* fördert die Transparenz auf einem unübersichtlichen berufsbezogenen Weiterbildungsmarkt. Sie macht Bildungsnachfragende kompetenter. Darüber hinaus erleichtert sie bisher eher weiterbildungsabstinenten Zielgruppen den Zugang (Schiersmann et al. 2009; Döring et al. 2008, 160).
- *Qualifizierungsberatung* begleitet Betriebe bei der Realisierung einer systematischen Personalentwicklung. Sie unterstützt bei der Planung, Erfolgsmessung und der Auswahl von Bildungsangeboten. Die Qualifizierungsberatung konzentriert sich auf KMU ohne spezifisches Personal für Personalentwicklung.

Beide Ansätze sind eng miteinander verbunden, da es letztlich um das Weiterbildungsangebot für Personen geht, das an beruflichen oder betrieblichen Anforderungen auszurichten ist. Ihre Instrumente und Verfahren weisen große Schnittmengen auf. In der Beratungspraxis gibt es vielfältige Überschneidungen zwischen personen- und unternehmensbezogener Weiterbildungsberatung. Auch institutionell gibt es diese Schnittmengen: Viele Beratungsinstitutionen, wie etwa die Kammern, bieten sowohl Beratung für Personen als auch für Betriebe an.

Die Entwicklung der Beratungslandschaft entspricht der Bedeutung der Weiterbildung nur bedingt. Ergebnis der Förderpolitik in der letzten Dekade war eine Reihe verschiedener, in der Regel stark praxisorientierter Entwicklungsprojekte zur Durchführung von Beratung, denen es teilweise gelungen ist, über den Förderzeitraum hinaus Beratungsangebote aufrechtzuerhalten. Die entstandene Beratungslandschaft ist aber eher zerklüftet und unübersichtlich als flächendeckend, funktional differenziert und breit zugänglich (vgl. Schiersmann/Remmele 2004, 9; Niedlich et al. 2007) und dadurch nicht ausreichend transparent.

Die Forschung zur Weiterbildungsberatung war lange Zeit vor allem durch Evaluationen von Modellvorhaben gekennzeichnet (Braun/Fischer 1984; Kejcz 1988; DGB 2006). Eine erste empirische Bestandsaufnahme der Beratungslandschaft legten Schiersmann und Remmele (2004) vor. Darüber hinaus wurden einige spezifische strategische Forschungs- und Entwicklungsarbeiten zur individuellen Weiterbildungsberatung auf den Weg gebracht: Einen ersten Beitrag zur Herstellung von Transparenz der Anbieter von Beratung im Bereich Bildung, Beruf und Beschäftigung leistete Rambøll Management in einer Studie für das BMBF (vgl. Niedlich et al. 2007).

Beide Segmente der Beratung werden im Folgenden zunächst getrennt beschrieben. Übergreifende Aspekte der Kompetenzentwicklung von Beratenden und der Qualitätssicherung von Beratungsprozessen werden danach gemeinsam abgehandelt.

Qualifizierungsberatung

Trotz des erkennbaren Beratungsbedarfs ist die Nachfrage nach Qualifizierungsberatung bislang eher zurückhaltend. Bisher ist es der Qualifizierungsberatung nur in einigen Bundesländern gelungen, sich sichtbar auf dem Markt zu positionieren, wie z. B. in Thüringen oder Schleswig-Holstein. Dies gelang hier nur, weil mit einem erheblichen Aufwand der Bundesländer Strukturen geschaffen und über eine lange Zeit unabhängig von einer manifesten oder zahlungswilligen Nachfrage stabilisiert wurden (Niedlich et al. 2007, 186).

Ansonsten ist die Qualifizierungsberatung für Unternehmen bisher nicht über den Status einer peripheren Dienstleistung hinausgekommen. Nur selten bildet Qualifizierungsberatung ein explizites Aufgaben- und Handlungsfeld von Bildungsträgern oder Beratungsunternehmen. In der Regel wird en passant beraten, indem Qualifi-

zierungsberatung einen Teilbereich betriebs- oder personalwirtschaftlicher Beratungsleistungen bildet oder aber verdeckt im Vorfeld der Vermarktung von Bildungsdienstleistungen stattfindet. Ein klares Dienstleistungsprofil hat sich auf dieser Grundlage
nicht entwickeln können; die Akzeptanz von Qualifizierungsberatung bei vielen Betrieben ist gering. Qualifizierungsberatung wird von den Betrieben nicht stark nachgefragt
und nur selten gesondert bezahlt. Vorbehalte in Bezug auf mangelnde Bedarfsgerech-
tigkeit, fehlende Branchenkenntnisse, unzureichende Transparenz in Bezug auf Qualität und Nutzen sowie auch der Vorwurf, dass Qualifizierungsberatung nur dazu diene,
Bildungsangebote zu verkaufen, sind verbreitet (Döring et al. 2008, 162, 194 ff.).

Ein eigenständiges und etabliertes Methodenrepertoire der Qualifizierungsberatung lässt sich nicht identifizieren. Frühere wissenschaftlich begleitete Projekte zum
Bildungsmarketing (Wilbers 1996; Stahl/Stölzl 1994; Stahl 1993; Geißler 1992), in
denen systematisch Konzepte der Qualifizierungsberatung entwickelt wurden, haben
kaum Eingang in die Beratungspraxis gefunden. Die praktizierte Qualifizierungsberatung lebt vielmehr von Anleihen aus der Unternehmensberatung oder wird intui-
tiv auf Basis von biografischen Erfahrungen der Beraterinnen und Berater erbracht.
Auf wichtigen Feldern sind auch Lücken im Dienstleistungsspektrum und Mängel bei
der Transparenz des Leistungsprofils zu finden. Es fehlen etwa vielfach Beratungsangebote, die sich auch auf Aspekte der Wirtschaftlichkeit von Weiterbildung oder
auf ihre Qualitätssicherung beziehen.

Vor diesem Hintergrund ist eine konzeptionelle Professionalisierung der Beratung mit einer Integration des externen Faktors in den Leistungserstellungsprozess,
die Beratung als dialogischen Lernprozess und nicht nur als punktuellen und externen Input begreift, die Integration ökonomischer Themen und die Entwicklung anerkannter Maßstäbe und Standards erforderlich, um eine höhere Qualität der Qualifizierungsberatung zu erreichen.

Bis vor einigen Jahren lagen lediglich Forschungsergebnisse zur individuellen
Weiterbildungsberatung und nicht explizit für den Bereich der Qualifizierungsberatung vor. Eine dezidierte Analyse von Beratungsformen, ihren Aufgaben und Funktionen durch schriftliche Befragungen von KMU sowie qualitative Interviews mit Quali
fizierungsberatern ergab, dass Qualifizierungsberatung eine Dienstleistung mit fragmentierten und diskontinuierlichen Strukturen aufgrund brüchiger Projektförderung
und einer dadurch nur schwachen Marktpositionierung ist. Die Berater/-innen sind
vor allem auf konventionelle Lernformen ausgerichtet (Döring et al. 2008, 166 f.).

Es zeigte sich, dass eine Bedienung nur der manifesten, sprich von Betrieben
konkret formulierten Nachfrage nach Qualifizierungsberatung zu kurz greift und in
ihrer Wirkung begrenzt ist, weil so nur ein Teil des objektiv vorhandenen Bera-
tungs- und Unterstützungsbedarfs der Betriebe gedeckt werden kann. Einem laten-
ten Qualifizierungsbedarf der Betriebe widerspricht der Status quo der aktuellen

Nachfrageorientierung des Beratungsmarktes. Gefordert wird daher eine offensive Angebotsstrategie, um KMU für ihren Bildungsbedarf zu sensibilisieren und ihnen den potenziellen Beitrag betrieblicher Weiterbildung als Strategie zur Fachkräftesicherung aufzuzeigen. Hinweise zu einer passgenaueren Ausrichtung von Qualifizierungsberatung auf KMU liefert ein weiteres Forschungsvorhaben des BMBF, welches u. a. die Identifikation von Teilnahmemustern von KMU an Weiterbildung zum Gegenstand hatte (vgl. Döring et al. 2012).

Der Bedarf an Beratungsleistungen von Betrieben könnte in den kommenden Jahren zunehmen: zum einen, weil der demografische Wandel zunehmend zur Notwendigkeit führt, via Weiterbildung betriebsinterne Potenziale zu heben, und zum anderen, weil die Vermittlungsformen der betrieblichen Weiterbildung einem deutlichen Wandel unterliegen. An die Stelle von Standardseminaren von Bildungsträgern, die weitgehend von schulorientierten Grundsätzen bestimmt sind und zu wenig den Anwendungstransfer berücksichtigen, treten eine Orientierung der Weiterbildung an betriebsindividuellen Prozessen sowie hybride Lernformen. Damit ist ein höherer Vorbereitungs- und Gestaltungsaufwand bei den Betrieben verbunden, der vor allem von KMU mit eigenen Ressourcen nicht zu erbringen ist. Sie sind darauf angewiesen, dass Bildungsdienstleister Funktionen der Bedarfsanalyse, Bildungsplanung und -evaluation übernehmen.

Neben dem betrieblichen Bedarf an Leistungen der Qualifizierungsberatung steht ein bildungspolitisch induzierter. Aktuelle bildungs- und arbeitsmarktpolitische Ziele, z. B. eine höhere Weiterbildungsteilnahme von Geringqualifizierten, eine längere Erwerbstätigkeit von Älteren, bessere Aufstiegschancen von Frauen, sollen auch dadurch erreicht werden, dass entsprechende betriebliche Qualifizierungsinvestitionen gefördert werden. Programme der Bundesagentur für Arbeit (BA) und verschiedener Bundesministerien sehen daher stets auch Elemente von Qualifizierungsberatung vor – sei es auf Projektebene durch entsprechend gestaltete Förderkriterien, sei es institutionalisiert über den Arbeitgeberservice der BA: Die BA hat seit Dezember 2009 in einigen Arbeitsagenturen Qualifizierungsberatungsangebote für KMU in verschiedenen Modellprojekten pilotiert (Bundesagentur für Arbeit 2010, 21) und auf Grundlage der Ergebnisse entschieden, Qualifizierungsberatung als Dienstleistung des Arbeitgeberservice zu etablieren und im Jahre 2013 flächendeckend einzuführen. Strukturbildende Projekte verschiedener Förderer widmen sich etwa der Informationsvermittlung über Datenbanken zu Beratern, Bildungssubventionen oder Bildungsdienstleistern oder stellen Analysetools zur Verfügung, um Transparenz sowohl in der fragmentierten Beraterlandschaft als auch auf dem unübersichtlichen Weiterbildungsmarkt zu fördern. Zudem gibt es aktuell eine ganze Reihe von Projekten, Trägern und Initiativen, die entweder Qualifizierungsberatung für KMU direkt anbieten oder strukturfördernde Arbeit leisten. Häufig haben diese Projekte jedoch eine regional begrenzte Reichweite oder weisen Überschneidungen zur Weiterbildungsberatung auf, indem sie Beratungsleistungen sowohl für Individuen als auch für Betriebe anbieten (z. B. Qualifizierungsverbünde Schleswig-Holstein). Das Leistungsspektrum der Qualifizierungsberatung reicht dabei von der bloßen Sensibilisierung und Bedarfsermittlung bis hin zu einem umfassenden Leistungsangebot einer ganzheitlichen Personalentwicklungsberatung.

Weiterbildungsberatung

Aktivitäten zur Etablierung und Professionalisierung einer individuellen Weiterbildungsberatung werden schon seit Jahrzehnten verfolgt. Strukturelle und flächendeckende Initiativen hingegen waren in der Vergangenheit selten. Das BMBF implementierte deshalb vor einigen Jahren im Programm „Lernende Regionen – Förderung von Netzwerken" von 2001 bis 2008 einen entsprechenden Schwerpunkt. Die Weiterbildungsberatung für potenzielle Weiterbildungsteilnehmer/-innen ist nicht nur befördert worden, sondern als wichtiger Hebel für den Zugang bisher wenig präsenter Zielgruppen in der Weiterbildung identifiziert worden. In den Projekten dieses Programms entstanden vielfältige Aktivitäten zum Ausbau, zur Strukturbildung und Strukturverbesserung, zur Qualitätsentwicklung und zur Professionalisierung von Bildungsberatung in 25 Lernenden Regionen (BMBF 2008b, 8; Schiersmann/Remmele 2004, 24). Seit 2009 setzt das Förderprogramm „Lernen vor Ort" den Aufbau regionaler Strukturen im kommunalen Bereich fort.

Neben der Förderung von Strukturen im Bereich der Weiterbildungsberatung stand die individuelle Weiterbildungsberatung im Fokus zentralstaatlich geförderter Programme, regional geförderter Projekte und Initiativen. Wesentliche Akteure der beruflichen Weiterbildungsberatung sind die Industrie- und Handelskammern sowie die Handwerkskammern, die eine Schnittstellenfunktion zwischen Betrieben und Individuen einnehmen. Die Beratungsarbeit richtet sich bei diesen Einrichtungen eher auf die Orientierungshilfe und die Motivation zur Weiterbildungsteilnahme. Daneben bieten auch Bildungsdienstleister selbst und die Arbeitsagenturen individuelle Weiterbildungsberatung an. Schließlich werden auch Betriebe, die ihren Mitarbeiterinnen und Mitarbeitern Beratung zu Weiterbildungsfragen z. B. durch Führungskräfte im Rahmen von Zielvereinbarungsgesprächen anbieten, zu Akteuren der Bildungsberatung gezählt (Schiersmann/Remmele 2004, 26 ff.).

Neben der Förderung von Strukturen zur Weiterbildungsberatung stand im Zentrum der staatlichen Programme, durch die Förderung von Weiterbildungsdatenbanken für mehr Transparenz auf dem Weiterbildungsmarkt zu sorgen. Die Vielfalt, Unübersichtlichkeit und oft geringe Dauerhaftigkeit von Weiterbildungsangeboten machen es jedoch oft schwer, sie in statischen Datenbanken auf aktuellem Stand zu repräsentieren. Auch wird über die mangelnde Bedienerfreundlichkeit einiger landesweiter und regionaler Weiterbildungssuchmaschinen geklagt. Deutschlands größte Datenbank im Bereich der beruflichen Aus- und Weiterbildung ist KURSNET der BA. Sie ermöglicht die Suche zum nachträglichen Erwerb von Schulabschlüssen, schulischer Ausbildung, Erweiterung und Anpassung beruflicher Qualifikationen oder beruflicher Umorientierung sowie nach geeigneten Maßnahmen im Rahmen der beruflichen Integration oder Rehabilitation.

Ein neues Konzept, welches das Problem beheben will, dass die Weiterbildungs- und Qualifizierungsberatung selbst undurchsichtig und heterogen erscheint und Ratsuchende und Betriebe nur mit viel Recherche und Zeitaufwand die passende Beratungsdienstleistung identifizieren können, besteht im Angebot von neuen, niedrigschwelligen und transparenten Beratungsdienstleistungen mittels telefonischer oder onlinebasierter Beratung. Das BMBF hat ein Konsortium mit der Erstellung eines Fachkonzepts für die Umsetzung eines deutschlandweit einheitlichen Servicetelefons und eines Internetportals beauftragt. Im Rahmen der Erstellung des Fachkonzepts wurden Ausrichtung, Leistungsumfang und Leistungstiefe, die Angebotsstruktur sowie Wirtschaftlichkeitsbetrachtungen spezifiziert und Fragen der technischen Realisierung und Qualitätssicherung beantwortet. Die Entwicklung des niedrigschwelligen Bildungsberatungsangebots verfolgt das Ziel, durch Information, Beratung und Weitervermittlung bei Fragen professionell zu unterstützen. Das BMBF arbeitet an der Umsetzung eines solchen Angebots (BMBF 2010).

Verstetigung und Professionalisierung

Die Förderer und Akteure der Weiterbildungsberatung haben in den vergangenen Jahren immer wieder das Ziel formuliert, die Beratung auf verlässliche und dauerhafte Weise zu institutionalisieren und von einer Bindung an temporäre Programme und Projektfinanzierungen zu befreien. Versuche in dieser Richtung sind weitgehend gescheitert. Ein zentrales Thema der gegenwärtigen Auseinandersetzung um Institutionalisierung der Weiterbildungsberatung ist die Etablierung von Qualitätsstandards für die Beratung, die schon der Innovationskreis Weiterbildung in seinen Empfehlungen im Jahre 2008 forderte (BMBF 2008a, 18).

Im Rahmen einer Expertise für den Innovationskreis Weiterbildung wurde ein Konzept zur Qualität für die Beratung in Bildung, Beruf und Beschäftigung vorgestellt. Dies umfasst die Beschreibung von Qualitätsanforderungen in Form von Standards und Leitlinien, die in einen umfassenden Qualitätsentwicklungsrahmen eingebunden werden sollen (Schiersmann et al. 2009, 151 f.). Inzwischen wurde die Erprobungsfassung eines Katalogs von 19 Qualitätsmerkmalen in fünf Bereichen entwickelt. Alle relevanten Akteure sollen die Umsetzung der Qualitätsstandards unterstützen: die Berater durch deren Anwendung in ihrer Tätigkeit sowie beratende Organisationen und politische Akteure durch die Schaffung der notwendigen Rahmenbedingungen (Beuck et al. 2011, 17 ff.). RamBøll Management erarbeitete schon zuvor einen Katalog von 50 Qualitätsstandards, die von unterschiedlichen Beratungseinrichtungen flexibel und anknüpfend an bereits existierende Qualitätssysteme eingesetzt werden können (Niedlich et al. 2007, IX ff.). Andere Akteure propagieren wiederum eine Übertragung von Qualitätskonzepten für Bildungsdienstleister auf die Weiterbildungs- und Qualifizierungsberatung. Einen Ansatz bilden die Erfahrungen von Beratungseinrichtungen in Berlin mit dem LQW-Modell (Lernorientierte Qualitätstestierung in der Weiterbildung). Der Verein „Weiterbildung Hessen e.V." hat ein Qualitätsmodell für Weiterbildungs- und Qualifizierungsberatung sowie ein Zertifizierungsverfahren für dessen Einführung entwickelt. Auf freiwilliger Basis können sich Beratungseinrichtungen überprüfen und mit einem Qualitätssiegel zertifizieren lassen. Damit wird Kunden die Qualität ihrer Arbeit signalisiert (vgl. http://www.wb-hessen.de).

Die Rolle von Qualitätsstandards der Beratung lässt sich aber nur in Bezug auf die Konstitution und Beschaffenheit des Feldes bewerten. Weiterbildungs- und Qualifizierungsberatung ist keine einheitliche Dienstleistung, sondern findet in einem heterogenen Feld statt. Häufig wird sie dabei als Teilleistung anderer Dienstleistungsprozesse erbracht. Dies hat Folgen für das Qualitätsmanagement und die erforderlichen Kompetenzen der Berater: Die Prozesse der institutionellen Träger von Weiterbildungsberatung sind oft schon über Qualitätsmanagementsysteme (z. B. ISO-Normenreihe 9000 ff., LQW-Verfahren oder EFQM) abgedeckt, die diese Verfahren für ihre gesamte Organisation implementiert haben. Insofern ist für viele Berater/-innen die Qualitätssicherung ihrer Prozesse kein neues Thema. An den vorhandenen Qualitätssicherungssystemen wird deutlich, dass man sich um die Qualität der Beratungsdienstleistung bemüht, aber Zertifikate noch lange keine Garantie für die inhaltliche Qualität von Beratungsdienstleistungen sind. Das ist etwa immer wieder Ergebnissen der Stiftung Warentest zu Weiterbildungsangeboten zu entnehmen. Die Schwierigkeiten liegen oft schon darin, dass Beratungsprozesse in der Regel weder dokumentiert noch reflektiert werden. Darüber hinaus sind die Systeme, Verfahren und Strukturen der Qualitätssicherung für einen anderen Funktionszusammenhang konstruiert worden und werden auch unter diesen Kriterien weiter gepflegt. Schließlich liegt ein Problem im generellen Charakter dieser Qualitätsmanagementsysteme. Es werden Verfahren und Abläufe, aber keine Dienstleistungen in Form einer Endkontrolle gesichtet.

Es besteht zudem kein klares Kompetenz- oder Berufsprofil des Weiterbildungsberaters/der Weiterbildungsberaterin. Profile liegen nur als disparate Aufzählungen von Kompetenzen in langen Katalogen vor. Welche Fähigkeiten und Eigenschaften aber in welcher Gewichtung vorliegen müssen und sinnvoll miteinander kombiniert werden können, bleibt offen. Ausgangspunkt für Überlegungen zur Kompetenzentwicklung kann daher nicht das Ideal eines/einer hauptberuflichen Beraters/Beraterin mit Erstausbildung sein. Schiersmann et al. (2009, 152 ff.) erarbeiteten im Rahmen der Expertise für den Innovationskreis Weiterbildung eine theoretische Fundierung für ein Kompetenzmodell des Beraters/der Beraterin sowie Vorschläge für ein Aus- und Weiterbildungsangebot. Aktuell aktive Weiterbildungsberater/-innen sind überwiegend als Quereinsteiger/-innen tätig und damit nicht systematisch für ihre Beratungstätigkeiten ausgebildet. Naheliegend und sinnvoll erscheint daher eine Anerkennung und Anrechnung bereits erworbener Kenntnisse und Fähigkeiten auf Aus- und Weiterbildungsbemühungen, um zudem auf bestehende Erfahrungen und Kompetenzen aufzubauen. Die Nachfrage nach Weiterbildungen, Materialien und Veranstaltungen ist daher vonseiten der Berater/-innen groß. Sie benötigen Angebote zur Kompetenzentwicklung, wie etwa Ergebnisse des Projekts „imode" zur Qualifizierungsberatung zeigen. Der Markt reagiert auch auf diesen Bedarf. Bundesweit bestehen verschiedene niedrigschwellige Weiterbildungsangebote für Qualifizierungspersonal (z. B. Verbund Regionaler Qualifizierungszentren aus den Lernenden Regionen). Darüber hinaus gibt es akademische Ausbildungen zur Bildungsberatung (z. B. Studiengang Beratungswissenschaft der Universität Heidelberg oder Studiengang Beschäftigungsorientierte Beratung der Hochschule der BA). Dennoch lassen sich große regionale und thematische Lücken identifizieren.

Bei den Beschreibungen zur Situation der Qualitätssicherung von Beratungsprozessen und der Kompetenzen von Bildungsberatern und -beraterinnen handelt es sich um Einschätzungen auf Grundlage von singulären Projektergebnissen. Empirisch validierte Ergebnisse liegen nicht vor. Die praktische und empirische Qualität von Beratungsprozessen und auch die faktischen Kompetenzanforderungen an Berater/-innen und deren praktische Verfügbarkeit sind noch ungeklärt. Angesichts dieser diffusen Lage stellt sich die Frage nach der Angemessenheit von Ansätzen zur Verbesserung der Weiterbildungs- und Qualifizierungsberatung. Qualitätsstandards sind allgemein und methodisch betrachtet eigentlich zwar in vorhandenen Systemen formuliert, ihre Einhaltung wird aber nur selten überwacht und dokumentiert.

Es wäre problematisch, nur auf eine dezentrale Qualitätssicherung in Eigenverantwortung der beratenden Einrichtungen zu setzen. Ebenso wenig wäre es sinnvoll, direkte öffentliche Steuerungsmechanismen (z. B. durch staatlich vorgegebene Qualitätsstandards und Akkreditierungsverfahren) vorzusehen. Das würde die notwendige Flexibilität der Beratungsangebote vermindern. Checklisten, Tests, ein Internetportal zur Markttransparenz über Beratungsangebote und die Etablierung eines Qualitätsindexes bieten sich zur Qualitätssicherung der Beratung an. Nachfragende sollen und können selbst über die Transparenz des Angebots und die Wahrnehmung von Orientierungshilfen entscheiden. Ergänzend zu bestehenden Qualitätssicherungssystemen könnte geprüft werden, ob eine freiwillige Zertifizierung mit der Etablierung eines Gütesiegels zur Qualitätsverbesserung der Beratung beitragen kann. Gütesiegel müssten etwa durch einen Qualitätsindex eine verbesserte Transparenz für die Verbraucher/-innen schaffen. Ein Gütesiegel ist ein nützliches Vereinheitlichungsangebot zur Qualitätssicherung. Die Akzeptanz von Gütesiegelsystemen aufseiten der Anbieter beruht darauf, dass sie erst durch Gütesiegel am Markt sichtbar und erkennbar werden.

Perspektiven für die Weiterbildungspolitik

Es verwundert nicht, dass angesichts der inhaltlichen Vielfalt und institutionellen Heterogenität der Weiterbildungslandschaft auch die Beratungsaktivitäten stark expandieren. Die Mehrzahl dieser Aktivitäten hat aber akzidentiellen, projektbezogenen Charakter und trägt daher wenig zu übergreifender Orientierung bei. Diese Strategie der Förderung einzelner regional oder zeitlich begrenzter Beratungsangebote führt nicht zu einer Professionalisierung von Weiterbildungs- und Qualifizierungsberatung, sondern zu dichotomen Strukturen. Qualifizierungsberatung bleibt so ein Spiegelbild der klassischen betrieblichen Weiterbildung mit einem auf Kurse bezogenen Leistungskatalog, einer Qualitätssicherung mit Hausverstand, wenig systematischer Personalentwicklung und häufig einem unzureichenden Wissensmanagement. Nur ein Entwicklungssprung kann den Rückstand zu professionellen Beratungsangeboten zu anderen Dienstleistungsarten in Quantität und Qualität aufholen. Dafür bedarf es übergreifender Promotoren, einer kohärenten Forschungs- und Entwicklungsstrategie und neuer Ansätze:

- Die Kompetenzentwicklung der Weiterbildungsberater gilt es durch differenzierte Angebote der Aus- und Weiterbildung mit einheitlichen Standards zu fördern.
- Weiterbildungsberatung muss leicht zugänglich und erreichbar sein. Diesem Zweck dienen unter anderem ein Servicetelefon Weiterbildung, Internetportale und verständliche Gütesiegel.
- Bei der Finanzierung der Weiterbildungsberatung ist zu prüfen, ob Beratungsdienstleistungen mit ihren inhärenten Steuerungspotenzialen für die Weiterbildung nicht zumindest teilweise in öffentlicher Finanzierung erbracht werden müssen. Bevor eine Entwicklung, Erprobung und Evaluation von Instrumenten von Mischfinanzierungsmodellen angestoßen werden kann, ist zunächst eine Bestandsaufnahme bisheriger Finanzierungsformen zu leisten.

Perspektiven für die Weiterbildungsforschung

Die Forschungsarbeit zur Weiterbildungs- und Qualifizierungsberatung erscheint defizitär: Die meisten Projekte in diesem Bereich sind Entwicklungsprojekte und

keine Forschungsprojekte. Sie decken auch nur einzelne Facetten der Beratungsarbeit ab. Es lassen sich nur Projekte zu singulären Fragestellungen, wie z. B. zur
Qualitätssicherung, einige wenige Fallstudien und nur einzelne Ansätze zur indikatorengestützten Forschung und Berichterstattung über Funktionsweise und Effekte
von Weiterbildungs- und Qualifizierungsberatung finden.

- Anzuregen sind vergleichende Untersuchungen der Wirksamkeit von verschiedenen Beratungsmedien für bestimmte Zielgruppen. Dies gilt vor allem in Bezug auf
  die noch relativ junge Online-Bildungsberatung.
- Weiterbildungsberatung muss verstärkt Menschen mit geringer formaler Qualifikation erreichen. Dazu sind Analysen zur Reichweite und Wirksamkeit von
  unterschiedlichen Formen der Weiterbildungsberatung erforderlich.
- Qualifizierungsberatung muss die betrieblichen Bedarfe wie auch die Interessen
  der Beschäftigten berücksichtigen. Hilfreich dazu wären Analysen der Reichweite und Wirksamkeit von Qualifizierungsberatung, bei denen sowohl Beschäftigte
  als auch Personalverantwortliche eines Betriebes befragt werden (z. B. durch die
  Anlage von Linked-Employer-Employee-Datensätzen).
- Integrierte Konzepte zur Weiterbildungs- und Qualifizierungsberatung für verschiedene Branchen/Sektoren (mit hohem Fachkräftebedarf wie z. B. Pflege oder
  neuen Qualifikationsanforderungen wie z. B. Elektromobilität in der Automobil-
  industrie), für spezifische Zielgruppen (insbesondere Migranten/-innen) sowie
  für strukturschwache Regionen.

3. Entwicklung der Forschungsinfrastruktur

Die im vorgelegten Papier formulierten Perspektiven für berufliche Weiterbildungspolitik und -forschung – nicht zuletzt zur Sicherung von Fachkräftebedarf im demografischen Wandel – zeigen, dass es nicht vordringlich um punktuelle Maßnahmen in der Linie bisheriger Weiterbildungspolitik gehen kann, sondern dass neue Formate („integrierte berufliche Weiterbildungsstrategien") gefordert sind, die auch durch neue staatliche Interventionen implementiert werden. Die demografische Herausforderung kann in diesem Sinne auch als Chance für überfällige institutionelle Reformen genutzt werden.

Der avisierte Typus institutioneller Reformen ist schwerlich von einem Ressort her zu leisten, sondern erfordert eine übergreifende Strategieentwicklung und möglicherweise sogar über Gebietskörperschaften hinausgehende institutionelle Kooperationen.

Eine Stärkung der strategischen Perspektive der Weiterbildungspolitik beruht unter anderem wesentlich auf einer den aktuellen Problemstellungen angemessenen, sachgerechten und wissenschaftlich fundierten Koordination, die eine bessere Forschungsinfrastruktur voraussetzt. Allein durch den Bezug auf die vorhandenen zergliederten Programme und Projekte wird sie nicht zu gewinnen sein.

Vier Ansatzpunkte sind bei einer Verbesserung der Forschungsinfrastruktur vorrangig: eine durch Kontinuität und Stringenz gekennzeichnete Forschungsförderung, die Schaffung einer belastbaren Datenbasis, die Förderung von Dialogforen, in denen ein Austausch zwischen Vertretern der Wissenschaft und Vertretern der Praxis und Politik stattfindet, sowie die Förderung des wissenschaftlichen Nachwuchses.

3.1 Kontinuität und Stringenz der Forschungsförderung

Das Auseinanderfallen von bildungspolitischen Erfordernissen und ihrer Realisierung in der Bildungspraxis ist auch darauf zurückzuführen, dass sich die Bildungspolitik bei der Stärkung der beruflichen Weiterbildung nicht auf eine Forschung beziehen kann, die kohärente und überzeugende praxisleitende Ergebnisse produziert. Wie die Weiterbildung insgesamt ein „Stiefkind" im Bildungssystem darstellt, so verhält es sich auch mit der Weiterbildungsforschung innerhalb der Bildungsforschung: Sie ist bis heute mehr oder weniger ein Appendix der Bildungsforschung geblieben, dessen wissenschaftliche Probleme durch ihre oft anwendungsbezogene Ausrichtung verstärkt wurden. Weiterbildungspolitik muss deshalb auch auf die Entwicklung der Forschungsinfrastruktur gerichtet sein. Ressortforschung ist auf ein gutes Fundament an Forschungsmethoden, -personal und institutionellen Ressourcen angewiesen.

Dieses Fundament kann nicht von der Ressortforschung eines Ministeriums allein geschaffen werden, sie kann aber durch klarere Konturierung ihrer Aktivitäten einen wichtigen Beitrag dazu leisten. Im Vordergrund müssen die Hochschulforschung und nicht kommerzielle wissenschaftliche Forschungsinstitute stehen, die in diesem Feld Kompetenz und Personalressourcen aufgebaut haben. Es wäre sicherlich wünschenswert, wenn die DFG und andere Institutionen Forschungsschwerpunkte zum lebensbegleitenden Lernen mit einem längeren Zeitrahmen, als er für Einzelprojekte üblich ist, einrichteten, um auf diesem Weg eine gewisse thematische Kontinuität und einen etwas stabileren Bestand an personeller Forschungskompetenz sicherzustellen.

Die Politik könnte dazu Anregungen geben und Initiativen ergreifen, möglicherweise flankiert durch die Bereitstellung von Mitteln – ähnlich wie sie es beim Aufbau des nationalen Bildungspanels (NEPS) getan hat. Der Beitrag der Ressortforschung selbst könnte darin bestehen, ihre Zersplitterung (vgl. Abschnitte 1.3.2 und 1.3.3) durch ein Mehr an strukturierter Programmatik zu überwinden. Die heute oft kleinteilige Einzelforschung könnte in solche Programmlinien durchaus mit Gewinn an Qualität eingepasst werden.

3.2   Förderung des wissenschaftlichen Nachwuchses

Um eine solche Neukonturierung der politikbezogenen Weiterbildungsforschung vornehmen zu können, reichen die vorhandenen Forschungskapazitäten an Hochschulen und Forschungsinstituten nicht aus. Jenseits der Notwendigkeit einer verstärkten Vernetzung über die Disziplingrenzen hinaus erscheint eine quantitative wie auch qualitative Weiterentwicklung vonnöten. Die Grundlage hierfür muss durch eine systematische Förderung des wissenschaftlichen Nachwuchses geschaffen werden. Ausschreibungen und die Vergabe von Forschungsprojekten allein reichen hierfür aufgrund ihrer Ausrichtung und ihrer Laufzeit nicht mehr länger aus. Es wäre deshalb im Hinblick auf die Schaffung und Förderung nachhaltiger Strukturen wichtig, dass Forschungsförderung zur Weiterbildung verbunden wird mit einer gezielten Förderung des wissenschaftlichen Nachwuchses.

Dies gilt vor allem für den Aufbau von Kompetenzen in der empirischen Forschung. Bereits die Erfahrungen bei der Umsetzung des Programms empirische Bildungsforschung oder im Forschungsprogramm ASCOT haben gezeigt, wie schwierig die Gewinnung geeigneter Nachwuchskräfte mit einschlägigem fachlichem wie auch methodischem Hintergrund sein kann. Aufgrund eines vorherrschend durch geisteswissenschaftliche Zugänge geprägten Selbstverständnisses fehlt es gerade in den Erziehungswissenschaften an wissenschaftlichem Nachwuchs mit Wissen und Erfahrungen über elaborierte Datenerhebungen und Auswertungen. Auch werden vorhandene Datensätze, die für die Fragestellungen der Disziplin relevant wären, nicht zur Kenntnis genommen bzw. deren Auswertung nicht als Teil von Forschungs-designs vorgesehen. Notwendig wäre es deshalb, Programme zur Forschungsförde-rung mit einer Komponente zur Förderung des wissenschaftlichen Nachwuchses zu verbinden. Ein gutes Beispiel hierfür war die Ausschreibung von Promotionsstipen-dien im Rahmen des Programms zur Förderung der empirischen Bildungsforschung.

Ebenfalls als Vorbild kann das im Rahmen des Programms „Lernkultur Kom-petenzentwicklung" eingerichtete Graduiertennetzwerk angesehen werden (Scholz 2006). Die Erfahrungen haben gezeigt, dass es dazu eines Mindestmaßes an ge-meinsamen Themen und Fragestellungen bedarf, eine regelmäßige Zusammenkunft und Betreuung notwendig sind und Fortbildungsangebote – etwa in Form von Sum-mer Schools – integriert werden müssen. Um dies zu gewährleisten, bedarf es einer festen institutionellen Anbindung und einer kontinuierlichen, interdisziplinär ange-legten Betreuung.

Im Hinblick auf die internationale Zusammenarbeit in der Forschung wäre es schließlich wünschenswert, wenn es – etwa im Rahmen von DAAD-Programmen – einen verstärkten Austausch mit Wissenschaftlern und Wissenschaftlerinnen aus dem Ausland bzw. von ausländischen Hochschulen und Forschungseinrichtungen geben würde.

3.3   Schaffung und Nutzung einer belastbaren Datenbasis

Die Politik hat in den vergangenen Jahren ein starkes Interesse an einer empirisch abgesicherten, das heißt evidenzbasierten Politikberatung artikuliert. Dieses Inter-esse hat im letzten Jahrzehnt seinen Ausdruck unter anderem in Programmen der empirischen Bildungsforschung (PISA, IGLU, NEPS), im nationalen Bildungsbericht, im Datenreport zum Berufsbildungsbericht oder auch in indikatorengestützten Be-schreibungen bildungspolitischer Ziele gefunden. Für Tippelt/Reich-Claassen (2010, 22 f.) ist das Ziel einer evidenzbasierten Bildungsforschung dementsprechend, „sys-temrelevantes Steuerungswissen für Bildungsprozesse bereitzustellen und damit den Transfer von wissenschaftlichen Erkenntnissen in Bildungspolitik und -praxis zu verbessern".

Auf der nationalen Ebene erweist sich dafür das Fehlen einer einheitlichen Trägerstatistik, die alle relevanten Weiterbildungsträger einbezieht und ihre Ange-bote, ihr Leistungsvolumen und ihre Teilnehmerstruktur kontinuierlich dokumen-tiert, als gegenwärtig problematischste Datenschwäche der Weiterbildung (vgl. Ab-schnitt 1.3.1). Um sie zu schließen, wäre nach Lage der Dinge jedoch eine gesetzliche Grundlage erforderlich. Unter Umständen wäre eine neuerliche Initiative, beispiels-weise im Rahmen der „Weiterbildungsallianz", zielführend, eine derartige Statistik auf freiwilliger Grundlage aufzubauen.

Im Sinne der Verstetigung des bisher Erreichten wäre es notwendig, die bisherigen Erhebungen (vgl. Abschnitt 1.3.1) weiterzuführen und dauerhaft abzusichern. Gegenwärtig ist beispielsweise in der Weiterbildung nicht abzusehen, ob und in welcher Form die europäische Weiterbildungserhebung CVTS weitergeführt wird. Es wäre wünschenswert, derartige internationale Daten auch künftig zur Verfügung zu haben. Allerdings sollten die Ergebnisse deutlich früher und umfassender zur Verfügung stehen als bislang. Ergänzend notwendig wären Erläuterungen zum institutionellen Hintergrund, zur Vergleichbarkeit der Daten sowie Analysen zu möglichen Ursachen für festgestellte Veränderungen.

Grundsätzlich sollten die Primärdaten aus Erhebungen zur Weiterbildung für die Forschung durch Forschungsdatenzentren zugänglich gemacht werden. Dies ist bei einigen Erhebungen wie dem nationalen Bildungspanel oder auch dem IAB-Betriebspanel gewährleistet. Bei anderen Erhebungen ist dies bislang noch nicht der Fall. Das gilt beispielsweise auch für die verschiedenen nationalen Datensätze der CVTS-Erhebung, die für die Forschung nur eingeschränkt oder bislang gar nicht verfügbar sind. Es besteht somit keine Möglichkeit zu weiteren Auswertungen oder einer Prüfung der Datensätze. In den Verhandlungen mit der EU/Eurostat und den beteiligten anderen Ländern sollte darauf gedrungen werden, dass die Datensätze für weiter gehende Auswertungen zugänglich gemacht werden.

3.4 Dialogforen Wissenschaft – Weiterbildungspraxis – Bildungspolitik

Forschungsaktivitäten zur Weiterbildung zergliedern sich disziplinär (Berufs- und Wirtschaftspädagogik, Bildungssoziologie, Bildungsökonomie, Psychologie) und nach spezifischen Gegenständen (Berufsbildungsforschung, Arbeitsmarktforschung, Erwachsenenbildungsforschung, Forschung zum nonformalen und informellen Lernen, Lernforschung) nach Zielgruppen und Instrumenten der Weiterbildung, ohne dass es zu einer Zusammenführung kommt. Es kann von einer zerfaserten und teilweise redundanten Weiterbildungsforschung gesprochen werden, die mit der in einer kaum integrierten, sondern in einzelne Projekte und Programme gesplitterten Weiterbildungspolitik korrespondiert und damit weit unter den Möglichkeiten wissenschaftlicher Expertise für Politik bleibt.

Dem ist allein durch punktuelle übergreifende Gutachten und Initiativen wie der hier dargestellten nicht abzuhelfen. Es ist vielmehr notwendig, eine kontinuierlich wirksame Basis für die Entwicklung und Qualitätssicherung der Weiterbildungsforschung für sich und für ihren Dialog mit der Bildungspolitik und -praxis zu schaffen. Eine Zusammenführung der oft partikularen Ansätze der Weiterbildungsforschung mit der allgemeinen Bildungsforschung erscheint dabei unabdingbar.

Daher schlagen wir vor, themenzentrierte Dialogforen für einen verstetigten Dialog zwischen Wissenschaft, Politik und Praxis zu schaffen. Diese Foren könnten ohne hohen Aufwand entweder durch das BIBB oder durch ein Konsortium von in der Weiterbildungsforschung ausgewiesenen wissenschaftlichen Instituten institutionell getragen werden. Ihre Aufgabe wäre es, ein- bis zweimal pro Jahr zu grundlegenden Themen der Weiterbildungsforschung und -politik Workshops mit ausgewiesenen Wissenschaftlern verschiedener Provenienz, Bildungspraktikern (einschließlich -nutzern) und Experten des BMBF und gegebenenfalls anderen Bildungsverwaltungen mit Calls for Conference auszuschreiben, die Ergebnisse zu dokumentieren und für die Beratung der Bildungspolitik aufzubereiten. Damit könnte die wissenschaftliche Beratung bildungspolitischer Entscheidungsträger/-innen auf ein neues Niveau gehoben werden. Die Arbeit der Dialogforen könnte zusätzlich in Intervallen von etwa zwei Jahren in die Durchführung von Weiterbildungskonferenzen des BMBF münden, die eine breite Fachöffentlichkeit einbeziehen.

Autorinnen und Autoren

Prof. Dr. em. Martin Baethge, Mitglied des Präsidiums, Soziologisches Forschungs-institut (SOFI) an der Georg-August-Universität Göttingen

Dr. Agnes Dietzen, Leiterin des Arbeitsbereichs Kompetenzentwicklung, Bundes-institut für Berufsbildung

Dr. Ottmar Döring, stellvertretender Geschäftsführer, Forschungsinstitut betrieb-liche Bildung gGmbH (f-bb)

Barbara Hemkes, Leiterin des Arbeitsbereichs Qualität, Nachhaltigkeit, Durch-lässigkeit, Bundesinstitut für Berufsbildung

Matthias Kohl, wissenschaftlicher Mitarbeiter, Forschungsinstitut betriebliche Bil-dung gGmbH (f-bb)

Prof. Dr. Eckart Severing, Geschäftsführer, Forschungsinstitut betriebliche Bildung gGmbH (f-bb)

Knut Tullius, Wissenschaftlicher Mitarbeiter, Soziologisches Forschungsinstitut (SOFI) an der Georg-August-Universität Göttingen

Prof. Dr. Reinhold Weiß, Ständiger Vertreter des Präsidenten und Forschungsdi-rektor, Bundesinstitut für Berufsbildung

Literatur

Abel, J./Hirsch-Kreinsen, H./Ittermann, P. (2009): Einfacharbeit in der Industrie. Status Quo und Entwicklungsperspektiven. Soziologisches Arbeitspapier Nr. 24/2009. TU Dortmund

Annen, S. (2011): Anerkennung von Kompetenzen. Kriterienorientierte Analyse ausgewählter Verfahren in Europa. Bielefeld

AK DQR – Arbeitskreis Deutscher Qualifikationsrahmen (2011): Deutscher Qualifikationsrahmen für Lebenslanges Lernen (http://www.deutscherqualifikationsrahmen.de/; Stand: 13.8.2012)

Arnold, R. (1995): Betriebliche Weiterbildung. Selbstorganisation – Unternehmenskultur – Schlüsselqualifikationen. Baltmannsweiler

Autorengruppe Bildungsberichterstattung (Hrsg.) (2008): Bildung in Deutschland 2008. Ein indikatorengestützter Bericht mit einer Analyse zu Übergängen im Anschluss an den Sekundarbereich I. Bielefeld

Autorengruppe Bildungsberichterstattung (Hrsg.) (2010): Bildung in Deutschland 2010. Ein indikatorengestützter Bericht mit einer Analyse zu Perspektiven des Bildungswesens im demografischen Wandel. Bielefeld

Autorengruppe Bildungsberichterstattung (Hrsg.) (2012): Bildung in Deutschland 2012. Ein indikatorengestützter Bericht mit einer Analyse zur kulturellen Bildung im Lebenslauf. Bielefeld

Baderschneider, A./Döring, O. (2012): Anerkennungsberatung und Vernetzung im Förderprogramm „Integration durch Qualifizierung (IQ)". In: Berufsbildung in Wissenschaft und Praxis, 41 (2012) 5, Seite 19–22

Baethge, M. u. a. (2006): Berufsbildungs-PISA. Machbarkeitsstudie. Stuttgart

Baethge, M./Baethge-Kinsky, V. (2004): Der ungleiche Kampf um das lebenslange Lernen: Eine Repräsentativ-Studie zum Lernbewusstsein und -verhalten der deutschen Bevölkerung. In: edition QUEM, Studien zur beruflichen Weiterbildung im Transformationsprozess, hrsg. von der Arbeitsgemeinschaft Betriebliche Weiterbildungsforschung e.V., Band 16, Münster

Baethge, M./Schiersmann, C. (1998): Prozessorientierte Weiterbildung – Perspektiven und Probleme eines neuen Paradigmas der Kompetenzentwicklung für die Arbeitswelt der Zukunft. In: Arbeitsgemeinschaft Betriebliche Weiterbildungsforschung e.V./Projekt Qualifikations-Entwicklungs-Management (Hrsg.): Kompetenzentwicklung 1998. Forschungsstand und Forschungsperspektiven. Münster, Seite 15–87

Bahnmüller, R. (2012): Tarifvertragliche Regulierung von Weiterbildung: Ansatzpunkte und Erfahrungen (http://www.bibb.de/dokumente/pdf/stst_foko_120309_arbeitskraftebedarf_im_demografischen_wandel_bahnmueller.pdf; Stand: 2.4.2013)

Bahnmüller, R./Hoppe, M. (2011a): Überbetriebliche und betriebsbezogene tarifvertragliche Qualifizierungsregelungen in Deutschland: Ein Überblick in 13 Punkten. BIBB-Konferenz 2011, Sektion 5.2., Überbetriebliche Zusammenarbeit in der Weiterbildungsfinanzierung im In- und Ausland (http://www.bibb.de/dokumente/pdf/ak_5-1_bahnmueller.pdf; Stand: 2.4.2013)

Bahnmüller, R./Hoppe, M. (2011b): Einen Fuß in der Tür – und dann? Chancen und Probleme der tarifpolitischen Gestaltung betrieblicher Weiterbildung. In: Denk-doch-mal. Online-Magazin für Arbeit – Bildung – Gesellschaft, 4/2011 (http://www.denk-doch-mal.de/node/425; Stand: 7.12.2012).

Bardeleben, R. von u. a. (1996): Individuelle Kosten und individueller Nutzen beruflicher Bildung. Berichte zur beruflichen Bildung, Band 201, Berlin und Bonn

BBT – Bundesamt für Berufsbildung und Technologie (2007): Validierung von Bildungsleistungen. Der Erfahrung einen Wert verleihen. Nationaler Leitfaden. Berufliche Grundbildung. Durch den Steuerungsausschuss des nationalen Projektes „Validierung von Bildungsleistungen" verabschiedet am 30. Mai 2007

Behringer, F./Käpplinger, B. (2011): Arbeitsplatznahe Lernformen und Lernortvielfalt in der betrieblichen Weiterbildung. In: Berufsbildung in Wissenschaft und Praxis, 40 (2011) 1, Seite 18

Behringer, F./Käpplinger, B./Pätzold, G. (Hrsg.) (2009): Betriebliche Weiterbildung – der Continuing Vocational Training Survey (CVTS) im Spiegel nationaler und europäischer Perspektiven. ZBW, Beiheft 22, Stuttgart

Behringer, F./Schönfeld, G. (2010): Ein Vergleich mit den EU-Mitgliedstaaten auf der Grundlage der vier Kernindikatoren aus CVTS3. Bonn (http://www.bibb.de/dokumente/pdf/Fachbeitrag_behringer-schoenfeld2010.pdf; Stand: 17.8.2012)

Beicht, U. (2011): Junge Menschen mit Migrationshintergrund: Trotz intensiver Ausbildungsstellensuche geringere Erfolgsaussichten. In: BIBB-Report, Heft 16, Dezember, Bonn

Beicht, U./Krekel, E./Walden, G. (2006): Berufliche Weiterbildung – Welche Kosten und welchen Nutzen haben die Teilnehmenden? Berichte zur beruflichen Bildung Nr. 274, Bielefeld

Bellmann, L./Leber, U. (2010): Betriebliche Weiterbildung – In der Krise bleibt das Bild zwiespältig. In: IAB-Forum, Heft 1, Seite 16–19

Berger, K./Häusele, S./Moraal, D. (2012): Tarifvertraglich geregelte Finanzierung der beruflichen Weiterbildung am Beispiel der Sozialklasse im Gerüstbaugewerbe. In: Berufsbildung in Wissenschaft und Praxis, 41 (2012) 2, Seite 49–53

Berger, K./Moraal, D. (2012): Tarifliche Weiterbildungspolitik in den Niederlanden und in Deutschland. In: WSI-Mitteilungen, 65 (2012) 5, Seite 382–390

Beschluss des Bundesrates (2012): Vorschlag für eine Empfehlung des Rates zur Validierung der Ergebnisse nichtformalen und informellen Lernens (http:/www.umwel-online.de/cgi-bin/parser/Drucksachen/drucknews.cgi?texte=0535 2_D12B; Stand: 14.12.2012)

Beuck, R. et al. (2011): Die Qualitätsmerkmale: Erprobungsfassung. In: Nationales Forum Beratung in Bildung, Beruf und Beschäftigung (nfb)/Forschungsgruppe Beratungsqualität am Institut für Bildungswissenschaft der Ruprecht-Karls-Universität Heidelberg (Hrsg.): Qualitätsmerkmale guter Beratung. Erste Ergebnisse aus dem Verbundprojekt: Koordinierungsprozess Qualitätsentwicklung in der Beratung für Bildung, Beruf und Beschäftigung, Seite 17–35

BIBB – Bundesinstitut für Berufsbildung (2012): Datenreport zum Berufsbildungsbericht 2012. Informationen und Analysen zur Entwicklung der beruflichen Bildung. Bonn

Björnavold, J. (2001): Lernen sichtbar machen. Ermittlung, Bewertung und Anerkennung nicht formal erworbener Kompetenzen: Trends in Europa. Amt für amtliche Veröffentlichungen der Europäischen Gemeinschaft. Luxemburg

BMAS – Bundesministerium für Arbeit und Soziales (2011): Arbeitskräftereport. Berlin

BMBF – Bundesministerium für Bildung und Forschung (2004): Finanzierung Lebenslangen Lernens – der Weg in die Zukunft. Schlussbericht

BMBF – Bundesministerium für Bildung und Forschung (2006): Berichtssystem Weiterbildung IX: Ergebnisse der Repräsentativbefragung zur Weiterbildungssituation in Deutschland. Bonn

BMBF – Bundesministerium für Bildung und Forschung (2007): 10 Leitlinien zur Modernisierung der beruflichen Bildung – Ergebnisse des Innovationskreises berufliche Bildung. Berlin (http://www.bmbf.de/pot/download.php/M%3A0+10+Leitlinien+zur +Modernisierung+der+beruflichen+Bildung/~DOM;/pub/IKBB-Broschuere-10_Leitlinien.pdf; Stand: 10.1.2008)

BMBF – Bundesministerium für Bildung und Forschung (2008a): Empfehlungen des Innovationskreises Weiterbildung für eine Strategie zur Gestaltung des Lernens im Lebenslauf. Bonn/Berlin

BMBF – Bundesministerium für Bildung und Forschung (2008b): Lernende Regionen – Förderung von Netzwerken. Programmdarstellung. Bonn/Berlin

BMBF – Bundesministerium für Bildung und Forschung (2011): Weiterbildungsverhalten in Deutschland. AES 2010 Trendbericht. Bonn/Berlin

BMBF – Bundesministerium für Bildung und Forschung (2012): Berufsbildungsbericht 2012. Bonn

Bogedan, C. (2010): Qualifizieren statt Entlassen – Betriebliche Weiterbildung in der Krise. In: WSI-Mitteilungen, 63. Jg., Heft 6, Seite 314–319

Boos-Nünning, U. (2006): Berufliche Bildung von Migrantinnen und Migranten. Ein vernachlässigtes Potenzial für Wirtschaft und Gesellschaft. In: Friedrich-Ebert-Stiftung (Hrsg.): Kompetenzen stärken, Qualifikationen verbessern, Potenziale nutzen. Dokumentation einer Fachtagung der FES und des BIBB. Bonn, Seite 6–29

Boos-Nünning, U. (2011): Migrationsfamilien als Partner von Erziehung und Bildung. Expertise im Auftrag der Friedrich-Ebert-Stiftung. Bonn

Bosch, G. (2012): „Weiterbildungsfonds – ein Finanzierungsmodell auch für Deutschland?" In: Berufsbildung in Wissenschaft und Praxis, 41 (2012) 1, Seite 23–26

Bouder, A. u. a. (2001): Certification and legibility of competence. In: CEDEFOP (Hrsg.) Training in Europe. Second report on vocational training research in Europe 2000. Background report. Vol. 1, Luxembourg, Seite 169–210

Braun, J./Fischer, L. (1984): Beratungsstellen für Weiterbildung. Fallstudien über Aufgaben und Leistungen in fünf Städten. Berlin

Bretschneider, M. (2008): Dynamische Veränderungen der Berufswelt und lebenslanges Lernen – Qualität und Nutzen berufsbezogener Weiterbildung. In: bwp@spezial 4-HT2008 (http://www.bwpat.de/ht2008/fr06/bretschneider-ft06-ht2008_spezial4.pdf; Stand: 7.12.2012)

Brüning, G. (2006): Weiterbildung für Migrantinnen und Migranten – Tradition ohne Nachhaltigkeit. In: BIBB-Report 29, Febr. 2006, Bonn, Seite 43–54

Bundesagentur für Arbeit (Hrsg.) (2010): Kurs halten in stürmischen Zeiten. Geschäftsbericht 2009. Nürnberg

Bundesagentur für Arbeit (Hrsg.) (2011): Die Arbeitsmarktsituation jüngerer Menschen ohne Berufsabschluss. Broschüre der Arbeitsmarktberichterstattung. Nürnberg

CEDEFOP – Europäisches Zentrum zur Förderung der Berufsbildung (2007): Grundlagen eines gemeinsamen Bezugsrahmens für die Qualitätssicherung für die berufliche Bildung in Europa. Luxemburg

CEDEFOP – Europäisches Zentrum zur Förderung der Berufsbildung (2009): Europäische Leitlinien für die Validierung nichtformalen und informellen Lernens. Luxemburg

CHE – Centrum für Hochschulentwicklung/Prognos (2009): Synoptischer Vergleich der Qualitätssicherungssysteme in der beruflichen und akademischen Bildung. Endbericht. Berlin/Gütersloh

Clement U. (2006): Zertifikate und Standards für die berufliche Bildung. In: Standardisierung und Zertifizierung beruflicher Qualifikationen in Europa, hrsg. von Clement, U./Le Mouillour, I./Walter, M., Bielefeld, Seite 10–27

Dauser, D./Krings, U./Schroer, W. (2012): Nachqualifizierung (junger) Erwachsener in Forschung und Praxis. In: Loebe, H./Severing, E. (Hrsg.): An- und Ungelernte werden zu Fachkräften. Bielefeld, Seite 15–30

Deeke, A. u. a. (2011): Geförderte Qualifizierungsmaßnahmen in Deutschland: Aktuelle Evaluationsergebnisse im Überblick. In: Sozialer Fortschritt, 60 (2011) 9, Seite 196–203

Dehnbostel, P./Seidel, S./Stamm-Riemer, I. (2010): Einbeziehung von Ergebnissen informellen Lernens in den DQR – eine Kurzexpertise. Bonn und Hannover

Destatis – Statistisches Bundesamt (2011a): Bevölkerung und Erwerbstätigkeit. Bevölkerung mit Migrationshintergrund. Ergebnisse des Mikrozensus 2010. Fachserie 1, Reihe 2.2, erschienen am 26. September 2011, Tabellen 1, 11 korrigiert am 12.12.2011, Tab. 12 korrigiert am 19.12.2011. Wiesbaden

Destatis – Statistisches Bundesamt (2011b): Bildungsfinanzbericht 2011. Wiesbaden (https://www.destatis.de/DE/Publikationen/Thematisch/BildungForschungKultur/BildungKulturFinanzen/Bildungsfinanzbericht1023206117004.pdf?__blob=publicationFile; Stand: 9.8.2012)

Deutscher Bildungsrat (1970): Strukturplan für das Bildungswesen. Empfehlungen der Bildungskommission. Bad Godesberg

Deutscher Bundestag, Ausschuss für Arbeit und Soziales (2011): Sachstandsbericht der Evaluation der arbeitsmarktpolitischen Instrumente. Ausschussdrucksache 17 (11) 373

DGB – Deutscher Gewerkschaftsbund (2006): Arbeitnehmerorientiertes Bildungscoaching. Abschlussbericht des Beratungs- und Qualifizierungsprojektes LeA des DGB Bundesvorstandes. Berlin

DIHK – Deutscher Industrie- und Handelskammertag (2004): Karriere mit Lehre. Fünfte Erfolgsumfrage zu IHK-Weiterbildungsprüfungen 1997–2002. Berlin, Juni

DIHK – Deutscher Industrie- und Handelskammertag (2011): Mit Weiterbildung voran. 7. Umfrage unter Absolventen der IHK-Weiterbildungsprüfungen. Berlin

Diller, F. u. a. (2011): Qualifikationsreserven durch Quereinstieg nutzen. Studium ohne Abitur, Berufsabschluss ohne Ausbildung. Bielefeld

Dobischat, R./Fischell, M./Rosendahl, A. (2009): Beschäftigung in der Weiterbildung. Prekäre Beschäftigung als Ergebnis einer Polarisierung in der Weiterbildungsbranche? Gutachten im Auftrag der Max-Traeger-Stiftung. Ohne Ort (http://www.gew.de/Binaries/Binary57566/Dok%2009-2009.pdf; Stand: 30.7.2012)

Dohmen, D. (2005): Ökonomisierung und Angebotsentwicklung in der öffentlichen Weiterbildung. Studie im Auftrag des DIE, FIBS-Forum Nr. 26, Köln (http://www.fibs.eu/de/sites/_wgData/Forum_026.pdf; Stand: 15.8.2012)

Döring, O./Gottwald, M./Hinz, A./Löffelmann, S. (2008): Organisations- und Qualifizierungsberatung (unter besonderer Berücksichtigung von Klein- und Mittelbetrieben). In: Loebe, H./Severing, E. (Hrsg.): Stand und Perspektiven der Qualifizierungsberatung. Bielefeld, Seite 157–299

Döring, O. u. a. (2012): Beteiligung von Beschäftigten in KMU an betrieblicher Weiterbildung. Gutachten im Auftrag des BMBF (Manuskript). Nürnberg

Döring, O./Oelker, S. (2010): Dem Fachkräftemangel effektiv begegnen. In: Weiterbildung – Zeitschrift für Grundlagen, Praxis und Trends, Ausgabe 6/2010, Köln, Seite 10–13

Döring, O. u. a. (2011): Der Markt für Qualifizierungsberatung – Fiktion, Realität oder Vision? Bielefeld

DRV – Deutsche Rentenversicherung (2012): Ergebnisse auf einen Blick. Stand: Juni 2012 (http://www.deutsche-rentenversicherung.de/cae/servlet/contentblob/238662/publicationFile/45290/ergebnisse_auf_einen_blick.pdf; Stand: 23.11.2012)

Empfehlung (2009a): Empfehlung des Europäischen Parlaments und des Rates vom 18. Juni 2009 zur Einrichtung eines europäischen Bezugsrahmens für die Qualitätssicherung in der beruflichen Aus- und Weiterbildung. Amtsblatt der Europäischen Union, C 155/1 (http://europa.eu/legislation_summaries/education_training_youth/lifelong_learning/c11108_de.htm; Stand: 27.7.2012)

Empfehlung (2009b): Empfehlung des Europäischen Parlaments und des Rates zur Einrichtung eines europäischen Bezugsrahmens für die Qualitätssicherung in der beruflichen Aus- und Weiterbildung, 18. Juni 2009. In: Amtsblatt der Europäischen Union, C 155/1 (http://eur-lex.europa.eu/LexUriServ/LexUriServ.do?uri=OJ:C:2009:155:0001:0010.DE:PDF; Stand: 17.8.2012)

Erpenbeck, J./Rosenstiel, L. von (Hrsg.) (2007): Handbuch Kompetenzmessung: Erkennen, Verstehen und Bewerten von Kompetenzen in der betrieblichen, pädagogischen und psychologischen Praxis. 2. Auflage, Stuttgart

Euler, D. (2005): Qualitätsentwicklung in der Berufsausbildung. Materialien zur Bildungsplanung und zur Forschungsförderung, Heft 127, hrsg. von der Bund-Länder-Kommission für Bildungsplanung und Forschungsförderung, Bonn

Europäische Kommission (2012): Vorschlag für eine Empfehlung des Rates zur Validierung der Ergebnisse nichtformalen und informellen Lernens. Brüssel, den 5.9.2012, COM (2012) 485 final (http://europa.eu/education/lifelong-learning-policy/doc/informal/proposal2012_de.pdf; Stand: 14.12.2012)

Expertenkommission Finanzierung Lebenslangen Lernens (2004): Finanzierung Lebenslangen Lernens – der Weg in die Zukunft. Schlussbericht. Bielefeld

Faßhauer, U./Jersak H. (2010): Professionalisierung für die betriebliche Bildungsdienstleistung. Triales Modell einer hochschulischen Weiterbildung. In: Berufsbildung, 64 (2010) 126, Seite 24–27

Faulstich, P. u. a. (1991): Bestand und Perspektiven der Weiterbildung. Das Beispiel Hessen. Weinheim

Faulstich, P. (1997): Kompetenz – Zertifikate – Indikatoren. In: Kompetenzentwicklung 97, hrsg. von der Arbeitsgemeinschaft Betriebliche Weiterbildungsforschung, Münster, Seite 141–196

Fauser, R./Egger, S. (2005): Wirkung und Nutzen der Begabtenförderung berufliche Bildung. Effizienzuntersuchung III. Konstanz (http://www.bmbf.de/pub/wirkung_und_nutzen_begabtenfoerderung_bb.pdf; Stand: 4.2.2013)

FBH – Forschungsinstitut für Berufsbildung im Handwerk der Universität zu Köln/WHKT – Westdeutscher Handwerkskammertag/FOM – Fachhochschule für Oekonomie und Management (2011): Studie Berufswertigkeit konkret. Vergleich der Berufswertigkeit spezifischer Weiterbildungsabschlüsse und hochschulischer Abschlüsse. Abschlussbericht – Kurzfassung. Düsseldorf (http://www.fom.de/download/363-349-Klumpp_Dilger_Kriebel_Diart – Berufswertigkeit_konkret_2011_Kurzfassung_02. pdf; Stand 17.8.2012)

Fischell, M./Rosendahl, A. (2012): Das Spannungsverhältnis zwischen Beschäftigungslage und Professionalisierung in der Weiterbildung. In: Berufliches Bildungspersonal – Forschungsfragen und Qualifizierungskonzepte, hrsg. von Ulmer, P./Weiß, R./Zöller, A., Berichte zur beruflichen Bildung Nr. 11, Bonn, Seite 59–75

Geldermann, B./Seidel, S./Severing, E. (2008): Rahmenbedingungen zur Anerkennung informell erworbener Kompetenzen in der Berufsbildung. Bielefeld

Geißler, H. (1992): Bildungsmarketing – Vorhut eines humanistischen Marketingmodells? In: Grundlagen der Weiterbildung, Band 3, Seite 162–168

Gideon, G. (2012): Umsetzung der Prüfungsbestimmungen von Fortbildungsordnungen in der Prüfungspraxis. Untersuchung der Fortbildungsprüfungen Betriebswirt nach BBiG, Technischer Fachwirt und Industriemeister Metall. Abschlussbericht. Karlsruhe

Gieseke, W. (2010): Professionalität und Professionalisierung. In: Wörterbuch Erwachsenenbildung, hrsg. von Arnold, R./Nolda, S./Nuissl, E., Bad Heilbrunn, Seite 243–244

Gieseke, W./Enoch C./Lehmann, A. (2010): Weiterbildungspersonal. In: Praxishandbuch WeiterbildungsRecht, Loseblattsammlung, Dezember

Gnahs, D. (2005): Weiterbildungspass mit Zertifizierung informellen Lernens. In: Wiesner, G./Wolter, A. (Hrsg.): Die lernende Gesellschaft. Lernkulturen und Kompetenzentwicklung in der Wissensgesellschaft. Weinheim und München, Seite 261–277

Götzhaber, J./Jablonka, P./Metje, M. (2010): Bildungs- und Berufsbiografien von Absolventinnen und Absolventen der beruflichen Fortbildung und Hochschulabsolventinnen und Hochschulabsolventen entsprechender Fachrichtungen. Endbericht. Hamburg

Granato, M./Münk, D./Weiß, R. (2011): Berufsbildungsforschung in der Einwanderungsgesellschaft – Entwicklung und Perspektiven. In: Dies. (Hrsg.): Migration als Chance. Bonn, Seite 9–35

Granato, M./Ulrich, J. G. (2006): „Also, was soll ich noch machen, damit die mich nehmen?" Jugendliche mit Migrationshintergrund und ihre Ausbildungschancen. In: Friedrich-Ebert-Stiftung (Hrsg.): Kompetenzen stärken, Qualifikationen verbessern, Potenziale nutzen. Dokumentation einer Fachtagung der FES und des BIBB. Bonn, Seite 30–50

Grund, S./Kramer, B. (2010): Zulassung zur Externenprüfung. Analyse und Auswertung der qualitativen Interviews mit den zuständigen Stellen zum Vorgehen bei der Zulassung zur Externenprüfung. Unveröffentlichter Ergebnisbericht. Düsseldorf

Gutschow, K./Schreiber, D./Gei, J. (2012): Weiterqualifizierung im Rahmen der Externenprüfung. In: An- und Ungelernte werden zu Fachkräften, hrsg. von Loebe, H./ Severing, E., Bielefeld, Seite 31–48

Hansen, U./Bick, S. (2008): „Hervorragende Logistik-Perspektiven?" In: Stamm-Riemer, I. u. a. (Hrsg.): Die Entwicklung von Anrechnungsmodellen. Zu Äquivalenzpotenzialen von beruflicher und hochschulischer Bildung. HIS: Forum Hochschule 13/2008, Hannover, Seite 57–66

Hartung, S. (2012): Betriebliche Berufsausbildung und Weiterbildung in Deutschland. Institut für Arbeitsmarkt- und Berufsforschung. Nürnberg

Helmrich, R./Zika, F. (2010): BIBB/IAB-Qualifikations- und Berufshauptfeldprojektionen. Kurzexpertise im Auftrag des Deutschen Instituts für Internationale Pädagogische Forschung (DIPF). Bonn und Nürnberg

Helmrich, R. u. a. (2012): Engpässe auf dem Arbeitsmarkt: Geändertes Bildungs- und Erwerbsverhalten mildert Fachkräftemangel. Neue Ergebnisse der BIBB-IAB-Qualifikations- und Berufsfeldprojektionen bis zum Jahr 2030. BIBB-Report, 18/12, Bonn

Hensge, K./Lorig, B./Schreiber, D. (2009): Kompetenzorientierung in der Berufsausbildung – Wege zur Gestaltung kompetenzbasierter Ausbildungsordnungen. In: Berufsbildung in Wissenschaft und Praxis, 38 (2009) 3, Seite 18–22

Heyer, G. u. a. (2012): Evaluation der aktiven Arbeitsmarktpolitik: ein Sachstandsbericht für die Instrumentenreform 2011. In: Zeitschrift für Arbeitsmarktforschung, 45 (2012) 1, Seite 41–62

Huntemann, H./Reichart, E. (2011): Volkshochschul-Statistik. 49. Folge, Arbeitsjahr 2010, Bonn

Ittermann, P./Abel, J./Dostal, W. (2011): Industrielle Facharbeit – Stabilität und Perspektiven. In: Arbeit, 20 (2011) 3, Seite 157–172

IZA/DIW/infas (2006a): Evaluation der Maßnahmen zur Umsetzung der Vorschläge der Hartz-Kommission. Modul 1b: Förderung beruflicher Weiterbildung und Transferleistungen. Bericht 2006 für das Bundesministerium für Wirtschaft und Arbeit, 13. Berlin und Bonn

IZA/DIW/infas (2006b): Evaluation der Maßnahmen zur Umsetzung der Vorschläge der Hartz-Kommission. Modul 1b: Förderung beruflicher Weiterbildung und Transferleistungen. Bericht 2006 für das Bundesministerium für Wirtschaft und Arbeit. Anhangsband M: Struktur und Entwicklung der FbW-Teilnahme. Berlin und Bonn

Käpplinger, B. (2007): Abschlüsse und Zertifikate in der Weiterbildung. Bielefeld

Käpplinger, B. (2009): Bildungscontrolling: vor allem in Großbetrieben ein Thema. BIBB-Umfragen von 1997 und 2008 im Vergleich. In: BIBB-Report, 13/09, Bonn

Käpplinger, B./Lichte, N. (2012): Erhöhung der Weiterbildungsbeteiligung durch professionelles Weiterbildungspersonal. In: WSI-Mitteilungen, 65. Jg., Heft 5, Seite 374–381

Kejcz, Y. (1988): Weiterbildungsberatung: Probleme und Modelle. Heidelberg

Kell, A. (1982): Das Berechtigungswesen zwischen Bildungs- und Beschäftigungssystem. In: Lenzen, D. (Hrsg.): Enzyklopädie Erziehungswissenschaft. Bd. 9 II, Stuttgart, Seite 289–320

Kirkpatrick, D. L. (1998): Evaluating Training Programs: The Four Levels. 2nd edition, San Francisco/CA

KMK – Ständige Konferenz der Kultusminister der Länder in der Bundesrepublik Deutschland (2009a): Hochschulzugang für beruflich qualifizierte Bewerber ohne schulische Hochschulzugangsberechtigung. Beschluss der Kultusministerkonferenz vom 6.3.2009 (http://www.kmk.org/fileadmin/veröffentlichungen_beschluesse/2009/2009-03-06-Hochschulzugang-erful-qualifizierte-Bewerber.pdf; Stand: 1.2.2010).

KMK – Ständige Konferenz der Kultusminister der Länder in der Bundesrepublik Deutschland (2009b): Bachelor- und Masterabschlüsse in der beruflichen Weiterbildung. Beschluss der Wirtschaftsministerkonferenz vom 15./16.12.2008 und der Kultusministerkonferenz vom 5.2.2009 (http://www.kmk.org/fileadmin/veroeffentlichungen_beschluesse/2009/2009_02_05-Bachelor-Master-berufliche_Weiterbildung.pdf; Stand: 20.7.2009)

Knuth, M./Brussig, M. (2010): Zugewanderte und ihre Nachkommen in Hartz IV. In: Aus Politik und Zeitgeschichte, 48. Jg., Ausgabe vom 29.11.2010, Seite 26–32

Konietzka, D. (2004): Berufliche Ausbildung und der Übergang in den Arbeitsmarkt. In: Becker, R./Lauterbach, W. (Hrsg.): Bildung als Privileg. Erklärungen und Befunde zu den Ursachen der Bildungsungleichheit. Wiesbaden, Seite 272–302

Konsortium Bildungsberichterstattung (2006): Bildung in Deutschland. Ein indikatorengestützter Bericht mit einer Analyse zu Bildung und Migration. Herausgegeben vom Konsortium Bildungsberichterstattung im Auftrag der Ständigen Konferenz der Kultusminister der Länder in der Bundesrepublik Deutschland und des Bundesministeriums für Bildung und Forschung. Bielefeld

Kösters, W. (2008): Ein erfolgreiches Instrument vor dem Aus? In: Weiterbildung, 19 (2008) 1, Schwerpunkt: Qualität in der Weiterbildung, Köln, Seite 6–7

Kraft, S./Seitter, W./Kollewe, L. (2009): Professionalitätsentwicklung des Weiterbildungspersonals. Bielefeld

Lechner, M./Wunsch, C. (2009): Are training programs more effective when unemployment is high? Journal of Labor Economics 27, Seite 653–692

Letzner, S./Tillmann, H. (1998): Die Fortbildungsregelungen der zuständigen Stellen. Ordnungsstruktur und Entwicklungstendenzen. Wissenschaftliches Diskussionspapier, Heft 33, Berlin

Leu, R. E./Gerfin, M. (2004): Determinanten und Wirkungen der beruflichen Weiterbildung. Nationales Forschungsprogramm Bildung und Beschäftigung (NFP 43), Synthesis, Bern/Aarau (http://www.snf.ch/SiteCollectionDocuments/nfp/nfp43_leu_synthesis24.pdf; Stand: 6.8.2012)

Loebe, H./Severing, E. (Hrsg.) (2008): Stand und Perspektiven der Qualifizierungsberatung. Reihe: Wirtschaft und Bildung, Bd. 51, Bielefeld

Lott, M./Spitznagel, E. (2010): Impulse für die berufliche Weiterbildung im Betrieb. In: IAB-Werkstattbericht, H. 11

MarQa – Strukturen und Strategien für eine marktfähige Qualifizierungsberatung: Startseite (http://www.qualifizierungsberatung.net; Stand: 4.11.2011)

Meisel, K. (2008): Qualitätsmanagement und Qualitätssicherung in der Weiterbildung. In: Zeitschrift für Pädagogik: Qualitätssicherung im Bildungswesen. Eine aktuelle Zwischenbilanz, Weilheim und Basel, Seite 108–120

Muehler, G./Beckmann, M./Schauenberg, B. (2007): The Returns to Continuous Training in Germany: New Evidence from Propensity Score Matching Estimators. ZEW Discussion Paper No. 07-048, Mannheim

Müller, N. (2009): Akademikerbeschäftigung in Deutschland. Blinde Flecken beim internationalen Vergleich. In: Berufsbildung in Wissenschaft und Praxis, 38 (2009) 2, Seite 42–46

Müller, N./Behringer, F. (2012): Subsidies and Levies as Policy Instruments to Encourage Employer-Provided Training. OECD Education Working Papers, No. 80 (http://www.oecd-ilibrary.org/...; Stand: 7.12.2012)

Nehls, H. (2009): Qualitätssicherung in der beruflichen Aufstiegsfortbildung. DGB-Entwurf für ein Qualitätssystem. In: Berufsbildung in Wissenschaft und Praxis, 38 (2009) 5, Seite 37–40

Niedlich, F. u. a. (2007): Bestandsaufnahme in der Bildungs-, Berufs- und Beschäftigungsberatung und Entwicklung grundlegender Qualitätsstandards. Abschlussbericht. Hamburg

Öztürk, H. (2009): Weiterbildung von Menschen mit Migrationshintergrund. In: Aus Politik und Zeitgeschichte, Nr. 5, 26. Januar 2009, Seite 24–30

Öztürk, H./Kaufmann, K. (2009): Migration Background and Participation in Continuing Education in Germany: an empirical analysis based on data from the German Socio-Economic Panel study (SOEP). In: European Educational Research Journal, Vol. 8, No. 2, Seite 255–275

Pfeifer, H. (2008): Weiterbildungsteilnahme in Deutschland und dem Vereinigten Königreich – eine Frage des individuellen Nutzens? In: Berufsbildung in Wissenschaft und Praxis, 37 (2008) 5, Seite 25–29

Reddy, P. (2010): Inklusive Weiterbildungsforschung und -praxis in einer Migrationsgesellschaft. In: Kronauer, M. (Hrsg.): Inklusion und Weiterbildung. Reflexionen zur gesellschaftlichen Teilhabe in der Gegenwart. Bielefeld, Seite 102–140

Rein, V. (2011): Associate Degrees – Short Cycle Qualifikationen in den USA im Spannungsfeld von Bildungsdurchlässigkeit und Beschäftigungsfähigkeit. In: Berufsbildung in Wissenschaft und Praxis, 40 (2011) 4, Seite 49–52

Rosenbladt, B. von/Bilger, F. (2008): Weiterbildungsverhalten in Deutschland. Band 1, Berichtssystem Weiterbildung und Adult Education Survey 2007, Bielefeld

Rosenbladt, B. von/Seidel, S. (2008): Weiterbildungsbeteiligung im internationalen Vergleich. In: Rosenbladt, B. von/Bilger, F. (Hrsg.): Weiterbildungsverhalten in Deutschland. Band 1, Berichtssystem Weiterbildung und Adult Education Survey 2007, Bielefeld, Seite 193–211

Scheib, T./Windelband, L./Spöttl, G. (2009): Entwicklung einer Konzeption für eine Modell-initiative zur Qualitätsentwicklung und -sicherung in der betrieblichen Berufsausbildung. Hrsg.: BMBF, Reihe Berufsbildungsforschung, Band 4, Berlin/Bonn

Schiersmann, C./Dauner, B. A./Weber, P. C. (2009): Qualität und Professionalität in der Bildungs- und Berufsberatung. In: BMBF (Hrsg.): Zukunft (der) Weiterbildung. Vorschläge und Expertisen. Eine Aufsatzsammlung aus dem Innovationskreis Weiterbildung. Bielefeld, Seite 143–159

Schiersmann, C./Remmele, H. (2004): Beratungsfelder in der Weiterbildung. Eine empirische Bestandsaufnahme. Baltmannsweiler

Scholz, H. (2006): Das Graduiertennetzwerk. In: Kompetenzentwicklung 2006. Das Forschungs- und Entwicklungsprogramm „Lernkultur Kompetenzentwicklung". Ergebnisse – Erfahrungen – Einsichten. Münster, Seite 303–334

Seibert, H. (2008): Junge Migranten am Arbeitsmarkt. Bildung und Einbürgerung verbessern die Chancen. In: IAB-Kurzbericht 17/2008. Nürnberg

Seidel, S. u. a. (2007): Stand der Anerkennung non-formalen und informellen Lernens in Deutschland im Rahmen der OECD-Aktivität „Recognition of non-formal and informal Learning". Hannover, Bonn, Frankfurt

Severing, E. (2011): Modulare Qualifizierung von An- und Ungelernten. In: Bals, T. u. a.: Übergänge in der Berufsbildung nachhaltig gestalten: Potenziale erkennen – Chancen nutzen. Tagungsband zu den 16. Hochschultagen Berufliche Bildung 2011. Paderborn, Seite 330–335

Stahl, T. (1993): Der Modellversuch „Bildungsmarketing in kleinen und mittleren Unternehmen". In: Bildungsmarketing für kleine und mittlere Betriebe, hrsg. von Loebe, H./Severing, E., Reihe: Wirtschaft und Weiterbildung Bd. 4, Nürnberg, Seite 25–56

Stahl, T/Stölzl, M. (1994): Bildungsmarketing im Spannungsfeld von Organisationsentwicklung und Personalentwicklung. Berichte zur beruflichen Bildung Nr. 33, Bielefeld

Stamm-Riemer, I. u. a. (2008): Die Entwicklung von Anrechnungsmodellen. Zu Äquivalenzpotenzialen von beruflicher und hochschulischer Bildung. HIS: Forum Hochschule 13/2008. Hannover

Stand und Entwicklung einer bundesweiten Weiterbildungsstatistik. Antwort der Bundesregierung auf die kleine Anfrage der Abgeordneten Dr. Ernst Dieter Rossmann u. a., Deutscher Bundestag, 14. Wahlperiode, Drucksache 14/2511 vom 13.1.2000 (http://dipbt.bundestag.de/doc/btd/14/025/1402511.pdf; Stand: 14.8.2012)

Staudt, E./Kriegesmann, B. (1999): Weiterbildung: ein Mythos zerbricht. Der Widerspruch zwischen überzogenen Erwartungen und Mißerfolgen der Weiterbildung. In: Kompetenzentwicklung '99. Aspekte einer neuen Lernkultur. Argumente, Erfahrungen, Konsequenzen. Münster/New York/München/Berlin, Seite 17–59

Stephan, G./Pahnke, A. (2010): The relative effectiveness of selected active labor market programs: An empirical investigation for Germany. In: The Manchester School, Vol. 79, Nr. 6, Seite 1262–1293

SVR – Sachverständigenrat deutscher Stiftungen für Integration und Migration (2010): Einwanderungsgesellschaft 2010. Jahresgutachten 2010 mit Integrationsbarometer. Berlin

Tippelt, R./Reich-Claassen, J. (2010): Stichwort „Evidenzbasierung". In: DIE Magazin, IV/2010, Seite 22 f. (http://www.diezeitschrift.de/42010/tippelt1001.pdf; Stand: 3.8.2012)

Töpper, A./Kalman, M. (2010): Schaffung von Transparenz im Bereich von Qualitäts-managementmodellen (QMM) und Erarbeitung einer praxistauglichen Arbeitshilfe (handlungsorientierte Checkliste) zur Einschätzung von QMM. Unveröffentlichter Endbericht. Berlin, 15.5.2010

Voelcker-Rehage, C. (2009): Vorbedingungen von Bildung: Körper und Geist. In: Altern, Bildung und lebenslanges Lernen, hrsg. von Staudinger, U. M./Heidemeier, H., Nova Acta Leopoldina, Neue Folge, Nummer 364, Band 100, Halle, Seite 119–131

WBmonitor 2008: Personalentwicklung und wirtschaftliches Klima bei Weiterbildungs-anbietern – zentrale Ergebnisse im Überblick. Bonn 2009 (http://www.bibb.de/ dokumente/pdf/wbmonitor2008_umfrage-2008_ergebnisbericht_200901.pdf; Stand: 26.7.2012)

WBmonitor Umfrage 2010: Wie regelt sich der Weiterbildungsmarkt? Zentrale Ergeb-nisse im Überblick (http://www.bibb.de/dokumente/pdf/wbmonitor_ergebnisbe-richt_23_02_2011.pdf; Stand: 27.7.2012)

Weiß, R. (2005): Bildungscontrolling – Messung des Messbaren. In: Praxishandbuch Bil-dungscontrolling für exzellente Personalarbeit, hrsg. von Gust M./Weiß R., München, Seite 29–50

Weiß, R. (2010): Das Versprechen der Aufstiegsfortbildung: Chancen – Übergänge – Re-formbedarf. In: Berufliche Bildung in Zeiten des Wandels. Festschrift für Rolf Do-bischat zum 60. Geburtstag, hrsg. von Birkelbach, K. W./Bolder, A./Düsseldorff, K., Baltmannsweiler, Seite 263–284

Werner, D./Seyda, S. (2012): IW-Weiterbildungserhebung 2011 – Gestiegenes Weiterbil-dungsvolumen bei konstanten Kosten. In: IW-trends, 1/2012, Seite 37–53

Werquin, P. (2010): Recognition of Non-Formal and Informal Learning: Country Practices, Paris

Wilbers, K. (1996): Bildungsmarketing vs. Pädagogik. Kritische Anmerkungen zu einem Spannungsverhältnis. In: Zimmer, G./Holz, H. (Hrsg.): Lernarrangements und Bil-dungsmarketing für multimediales Lernen. Nürnberg, Seite 226–257

Wilbers, K. (2008): Qualität beruflicher Bildung: Amorphes Plastikwort oder erkennt-nisleitende Kategorie. Brennstoff für Diskurse. In: Weiterbildung, 19. Jg., Heft 1, Seite 8–11

Wolter, A. (2012): Gleichrangigkeit beruflicher Bildung beim Hochschulzugang? Neue Wege der Durchlässigkeit zwischen beruflicher Bildung und Hochschule. In: Seve-ring, E./Teichler, U. (Hrsg.): Akademisierung der Berufsbildung? Berichte zur beruf-lichen Bildung. Bielefeld (im Druck)

WSF – Wirtschafts- und Sozialforschung (2005): Zur sozialen und beruflichen Lage der Lehrenden in der Weiterbildung. Kerpen (http://www.bmbf.de/pubRD/be-rufliche_und_soziale_lage_von_lehrenden_in_weiterbildungseinrichtungen.pdf; Stand: 26.7.2012)

In the coming decades, the growing need for skilled
workers in many sectors will be paired with a constant
or in some regions decreasing potential workforce.
As a result of demographic development, continuing
vocational training of the working population plays a
key role in ensuring that the demand for skilled workers
can be met and promoting economic development. The
expert report compiled jointly by the three institutes
f-bb, SOFI and BIBB for the German Federal Ministry
of Education and Research (BMBF) analyses the initial
situation and derives prospective courses for action
for continuing vocational education policy and future
continuing vocational education research.